中国の戦争宣伝の内幕

日中戦争の真実

フレデリック・ヴィンセント・ウイリアムズ 著
田中秀雄 訳

芙蓉書房出版

中国の戦争宣伝の内幕——日中戦争の真実●目次

序文　9

第一章
極東の現状、その全体の俯瞰図　13

西洋列強のライバルとなった日本　13
孤立化した日本の対策と期待　16
蔣介石の野望　19
中国を侵食する共産主義　21

第二章
西安事件と頻発する日本人虐殺事件　25

西安事件の真相　25

蔣介石、対日開戦をドイツ顧問に告白　29
共産主義者、日本を挑発　31
通州事件　33
日本にいる中国人は安全である　35
盧溝橋事件　37

第三章
第二次上海事変の内幕　39

「アメリカを引きずり込め！」　39
蔣介石の上海攻撃　41
上海事変の開始　43
わざと自国民を犠牲にする中国軍　44
プロパガンダに頼る蔣介石　47

第四章
残虐きわまる中国軍を糊塗するプロパガンダ大戦略　51

「焦土作戦」と「氾濫作戦」　51

スケープゴートにされた張学良 53
中国ニュースの巧妙なからくり 57
中国軍による日本空襲？ 59
ずる賢い宋美齢 61
博愛主義者・陸伯鴻の暗殺 63

第五章
日本のアジアに対する崇高な使命感 67

日本は満洲のサンタクロースである 67
アメリカは満洲国を承認すべきである 69
軍閥のポケットに直行する支援金 71
日本機とロシア機の空中戦 72
張鼓峰事件の真相 75
日本人のアジアに対する使命感 79

第六章
パネー号事件と対米プロパガンダ大作戦 81

アメリカ人よ、目覚めよ 81
パネー号事件の真相 84
日本はアメリカの最高の貿易相手国である 86

第七章
阿片を蔓延させる日本というプロパガンダ 93
阿片を蔓延させているのは中国である 93
日本が作った満洲の麻薬吸引実態統計資料 95
中国は阿片を蔓延させたとして日本を非難 97

第八章
中国人と日本人を比較する 99
中国人は信用できるのか？ 99
清潔な日本人と不潔な中国人 101
中国の少女売買 103
交際上手と交際下手 105
礼儀正しい日本人 107

第九章
チャイナタウンの暗殺団と中国の軍閥　111
恐ろしいチャイナタウンの暗殺団　111
暗殺団の実態　113
奴隷少女の売買ビジネス　116

第十章
反日を煽る偽写真　119
上海の廃墟に泣き叫ぶ赤ん坊　119
銃剣で処刑される中国兵　120
お人よしのアメリカ人　123

第十一章
ソ連の中国侵略を阻止しようと戦う日本　125

第十二章
宣教師の善意を利用して日本軍の悪を宣伝する　129
利用される宣教師　129
中国兵に虐殺される宣教師たち　132
南京の宣教師の打ち明け話　133
日本軍に感謝する宣教師たち　135
第十三章
広東と漢口の陥落、そしてその後の展望　137
【解説】
よみがえるフレデリック・V・ウイリアムズ　田中　秀雄　139

中国の戦争宣伝の内幕

フレデリック・ヴィンセント・ウイリアムズ

Frederic Vincent Williams
Behind the news in China
Nelson Hughes Company New York, 1938

Translated by Hideo Tanaka
The Japanese edition published by Fuyo Shobo Shuppan Co.,Ltd.,

序文

この本は極東の情況に光を当てるという目的のもとに書かれている。と同時にある国に対してなされている間違いを正すという目的もある。日本との戦争以前から、そして戦争が始まってから中国で起きている出来事は、プロパガンダのためにぼんやりと雲がかかったように見えている。アメリカにいる人々にはそこで何が起こっているのか、理解のとっかかりがないために特にそう見えるのだ。アメリカ人が極東で起きている出来事に間違った理解をしているのは、新聞記者のせいではないのである。なぜならば、彼らは中国の検閲官が厳格なルールを強制するために何もできないのである。

私が初めて中国を旅したのは、一九三七年の日中両国が戦いを始める前であった。上海と南京で、蔣介石政府の高官にインタビューしたのである。それから北京に行き、そしてシベリアの国境、それから満洲国を南下して朝鮮、そして日本に行ったのである。

それから私は戦争が始まってから中国を再訪した。最初は中国軍と行動した。それから今度は日本軍とであった。私は両方を見た。世界の各地を見た新聞記者としての長年の経験から、何が起こっているのかを理解することができた。私は戦場を後にした。私は多くのものを学んだ。そして精魂込めて書き上げたのがこの著作である。

私の希望はこの本を読む人が、極東で起きている大きなドラマの登場人物たちにもっとはっきりした判断を下してくれることである。そしてこの『中国の戦争宣伝の内幕』はただ大きな誤りを正すだけでなく、東洋における国家や人々についてもっと身近に友好的な理解ができることを目的としている。

近年極東の危機についてアメリカで書かれたすべてのものはほぼ一方の側に偏していた。一方の側だけから物語られている。あらゆる問題に二つの側があるはずである。もし一方の側だけから話を聞くならば、諸君は公平に情況を判断できない。我々アメリカ人は両方の側から話を聞くのがよろしい。この本を読む多くの人は、最初は日本側に味方をしていると思うだろう。しかしどれほど多くの本や新聞記事が中国贔屓で反日であるだろうか。しかもそういうものを「これは中国の味方をしている」とは言わないのだ。我々は日本に関するものよりも、中国に関して見聞きするものを疑いなく事実として認識する傾向がある。実際問題として、この国には中国のプロパガンダが氾濫している。そして日本を弁護するものをほとんど見ないのである。

アメリカは大きな決断の岐路に立っている。東洋のことに関する限り、今まで通りに盲目的にまっすぐ進んでいくこともできる。しかしまた、「騙されていた……」と事実に目覚めて、太平洋の彼方の大きな帝国との貿易と商業に大きな利益を掴む契機を見出すか、それを他の国に取られてしまうかということなのである。

私はこれを書くことにおいて手心は加えていない。私は誰をもバックにしてはいない。私は自由に率直に語った。我々がずうっと騙されているよりかは、真実を知った方がよいと考えたからである。

世界の歴史がアジアにおいて進展し始めている。その背後に何がうごめいているかを我々は知らなければならない。

第一章
極東の現状、その全体の俯瞰図

■西洋列強のライバルとなった日本

二十世紀の今日から八十年以上前に、アメリカを含む西洋列強は日本のドアを叩いた。農業国としての閉ざされた中世風の生活を止め、外国に向けて港を開き、世界貿易競争のエキサイティングな儲け話に加わるように誘ったのだ。しぶしぶと、いくぶんおずおずとした調子で日本は同意した。しかしそうなったからには、日本は中途半端ではいなかった。アメリカやヨーロッパに若者を留学させた。やがて日本は西洋列強が新しく見出した保護すべき友人という立場から、対等のライバルとみなす程度まで競争力を貯め、成長してきた。

彼らの態度は変わった。日本の背中を優しく叩いて、「お前はいい子だ」とはもう言わなくなった。彼らは態度を変え、団結して対抗するようになった。気が利いており、かつ陰険なプロパガンダなのだが、日本の商品や国民に対する差別によって日本は世界中にその名誉を毀損され、人々に嫌われただけでなかった。日本をなだめすかして鎖国の孤立から引きずり出したあの西洋列強が、ゆっくりとそして段々と日本の工業生産物を世界の市場から締め出し始めたのだった。

日本は一撃の下によろめいた。しかしここにきては日本が引き返すには遅すぎた。日本は農業国であったが、工業国になっていた。約七千万の国民がカリフォルニア州ほどの面積に住んでいる。しかしその内、耕地となるのは十五パーセントである。つまり人口の八十五パーセントは十五パーセントの耕地によって生きている。日本は古きを捨て、新しきに就いた。日本国民の生きていく規範が掲げられた。日本は全誠意で以って、西洋列強からの、開国をして自分たちのゲームに加われとの誘いを受け入れたのだ。今、日本ははっきりと理解している。自分らは嘘つきの友人に騙されたのだと。

日本が無害である限り、西洋世界にとって後進国である限りにおいて、日本は外国の人々や政府には人気者であった。しかし日本があまりに早く学び終え、競争ゲームに熟達したとき、彼らの態度は変わり、対抗するようになったのだ。

日本には中国というよき教訓の対象となる国がある。隣国で大きく、その重い図体であえぎあえぎしていた。四億五千万の人々が住んでいながら、自らの足で立つこともできないでいた。貧困と悲惨にどっぷりと浸かっていた。その豊かな国土は軍閥によって強奪、掠奪され、西洋列強によって富が吸い取られていた。世界を縦横に押し渡るその同じ彼らが、日本を国際貿易に誘い込んだのである。

中国はアジア人の国で、日本は長い付き合いがある。その過去の栄光はもうなく、帝国は灰と消え、共和国は燃え尽きようとしていた。国の指導者は愚かで、罪深く、貪欲で腐敗しており、国を滅ぼしたのだ。日本はその外部世界と沢山接触していた。中国はそうではなかった。日本は西洋列強のライバルとなった。中国は彼らの奴隷となった。それゆえに日本は自分が一人の味方もいないことを思い知らされた。そして中国は、かつて外国人を殺戮し掠奪したという過去も忘れられて、突然同情と援助に値する国家と国民というように持ち上げられたのだ。

一歩一歩、ゆっくりと確実に、ひそかにとぐろを巻いて獲物の身体を締め上げるボアのように、西洋列強（その内の一つは中国に厖大な権益を有している）は、日本の活力の源泉である貿易を閉ざし始めた。まずヨーロッパで、エジプトで、インドで、ついにアメリカで。つまりはこう言われたのだ。四つの島に戻って飢え死にしろ、かつて甘い言葉でそそのかされて世界に作り上げた産業計画を放棄して、単純で質素な農耕生活に戻れと。そして毎年、カリフォルニア州サイズの国の七千万の人口は、出生率百万人の増加に直面している。既にもう耕地面積一マイル四方に二七七四人も押し込められているのだ。

■孤立化した日本の対策と期待

何ができたのだろうか？　どこへ行けばいいのだろうか？　日本国民は仕事を求め、パンを求め、政府が遂行しようとする意欲的な子供教育のためのプランの継続を求めて悲鳴を上げていた。日本国民は彼らにかなえてやると言われた、新しい時代のよりよい生活を求めたのだ。それは他の国々の人々と同じ望みなのだ。しかし国際貿易においては、日本は持ち駒が少なかった。特に対アメリカ貿易に関しては、輸入は輸出の五倍にも上るのだった。

海の向こうで陰険なプロパガンダが広まっていることに日本ははたと気づいた。しかし一つだけ日本を飢えから救う市場があった。それは中国の北部である。そこには七千万の人々が住んでいた。彼らは日本が与えられるものを必要としており、また日本に必要な天然資源を持っていた。交換できるのだ。少なくともヨーロッパの嫉妬深い貿易上のライバルたちが日本を避けるのであれば、日本はアジアのすぐ隣とビジネスを始める権利と機会を持っていると思ったのだ。

日本は中国の大衆が一般的に持っている怠惰や欠点をよく知っていた。中国軍閥の信義のなさや貪欲もよく知っていた。しかし日本はその軍閥とその傭兵匪賊集団を満洲から放逐してしまった。そして、そこを北支人が嫉妬するほどの国に変えてしまった。数千万に上る彼らが毎年満洲国の国境を越えようとやってきた。そこで彼らは高賃金で働けた。暮らしよさと治安の安定は較ぶべくもなかったのだ。以前の満洲は満洲国となった。

三千万の人口に、掠奪と殺戮をこととする約三十万の匪賊が横行していた。その軍閥は〝若き元帥〟と呼ばれていた張学良とその部下たちによって支配されていた。今ではその張学良の軍閥も消えた。新しい帝国では匪賊は三万以下に減り、学校ができ、工場ができ、鉄道、幹線道路、ビルディングが見られる。零落した村、見捨てられた土地、耕作放棄地はなくなった。

日本は思った。もし三年以内に満洲の混乱を整理し、秩序をもたらすことができたなら、少なくとも北支にある強力でまともな政府との間になにかビジネスが始められるだろうと。日本は蔣介石に大きな期待をかけていた。しかし真実の蔣介石はずうっと軍閥であったということだ。中国の情勢というものを理解しなければならない。中国の諸省が「共和国」と呼ばれていても、諸君は軍閥によって支配されていることを知らなければいけない。帝国であろうと「共和国」であろうと、大衆に対して残酷で不公正であることにおいては瓜二つなのである。

そこには四億五千万人の人が住んでいる。一つの省の人々は方言の問題もあって、別の省のことを知らない。北部は南部を嫌い、南部は北部を憎む。各省は軍閥によって蹂躙されている。軍閥というのはかつて匪賊だった者が兵隊になったものだ。彼らは私兵を引き連れて、次々に将軍となっていった。軍閥は最下層の苦力から貢物を強要した。私兵集団は大衆を犠牲にして維持されていたのだ。

そこに蒋介石が登場してきた。最初は一族の他の者と較べて少しばかり良いか、秀でている程度だった。しかし富豪の宋家と婚姻を結んでから莫大な大金持ちとなり、彼はその金で以って徐々に強力な私兵軍団を作り上げ、他の軍閥を打ち負かし、あるいは買収して戦列に加えた。どこにあるか分らなかった統治権を回収して中央政府を作り上げ、なにかしら安定した政府を形成しようとした。

彼とその妻、そのファミリーは金持だったから、蒋介石は国内にいるモスクワとつながる共産主義者とその軍隊とは何の関係も持たなくてよかった。彼はスターリン主義者たちを粛清し打ち負かした。兵隊たちによって数千人が処刑された。夥しい血を流して彼は中国の支配権を握った。過去を抜きにしても、彼には他の軍閥と同じように莫大な阿片売買の利益を隠していると疑われている。彼の信頼する部下たちはある日は阿片患者の首を切り、別の日には別の患者に阿片を売りつけているのだ。

こういうことを別にしても、日本は蒋介石に期待していた。彼が共産主義と戦ったからだ。外国人と国民に血まみれの恐怖を見せ続けている混乱した国に、秩序らしきものを維持してくれるであろうと期待したのだ。

■蒋介石の野望

蒋介石と彼の軍隊は外国人を嫌っていた。そしてその軍隊は行く先々で虐殺や強姦を行うことで外国人に知られていた。他にもあるそうした犯罪は、蒋や彼の近年の西洋の同盟国によって注意深く隠蔽されてきたのだ。しかしながら盧溝橋事件やその後の宣戦布告なき戦争に先んじて、その背後で何が起こっていたかを知っておくことは有意義である。

イギリスは香港の喉を押さえつけ、西洋列強は上海にどっかと腰をすえていた。古い帝国の首都だった北京は依然として清国の皇族たちの匂いある町であった。しかし彼らの部下の軍人が汚職と盗賊軍閥だったために革命が成功したのだ。香港は遠く広東に近い。広東市民には今は心配の種なのだ。蒋介石は最初自分の軍隊が北京の紫禁城の値もつけられない宝物を掠奪するのを、古い神秘的な城の壁がもろくも崩れ落ちるまで自由にさせた。そこは歴代皇帝の住居であったが、しかし残ったものは「少年皇帝」の自転車やおもちゃ、それにかび臭い玉座くらいなものだった。紫禁城の宮殿の総ざらえという仕事は、クリスチャン・ゼネラルこと馮玉祥と孫文が革命を起こしたときの部下たちによって手際よく進められた。実際には蒋はその最後の仕上げをやったのだった。

北京とその栄光の弔いの鐘は、北京と上海の中間にある新しい南京の建設という形で鳴り響いた。大使館を北京から南京に移して欲しいという要請は有無を言わせなかった。南京と北京を比較するとして、行ったことのない人はネバダ州の田舎町とワシントンを較べようとするか、シカゴの夏と冬の気候とサンフランシスコのさわやかな九月を較べるようなもので止めた方がいい。蔣介石の北京から南京への移動への提案は、アメリカが先陣を切るまでは大使たちには歓迎されなかった。もっとも今はほとんど使用されていないが。

死にかけた北京だけでなく、蔣介石は上海にも注意を向けた。北京をそして上海を殺して、南京を中心に中国の全支配を確立しようという計画である。彼は中央政府の下に中国を統一するつもりでいたらしい。しかしこれが彼の個人的な所有物件ならともかくも、上海はぶっ壊すにはあまりに硬い木の実だった。ここには西洋列強が一団となって、国際租界を形成していた。列強が軍隊を置いており、租界の境界内に外国人がいて議会と法律が施行されており、掠奪をこととする軍閥や匪賊から安全な銀行と商業施設があった。

蔣介石は南京では為しえない銀行とビジネスを欲しがったのだ。彼は公金を気前よく公共建造物やスタジアムを作る資金に当て、ローマ皇帝さながらに豪勢に浪費した。苦力から搾り取った金である。しかし彼の部下の将軍さえ南京の銀行には預金しない。財産や略奪品は上海にキープする。国外に持ち出さねばならなくなるかもしれないからだ。この点では蔣介石も同じことをしている。報道によれば、彼は八千万ドル以上をロンドンに送って安全に蓄えている。中国でもう駄目となった場合に備えているのである。中国での軍閥暮らしは一番羽振りが良いときでも危なっかしいものなのだ。

上海は土台がしっかりしている。簡単には動かせない。だから蔣介石はあけすけに東洋の大都会、中国のシカゴとも言うべき上海に対して根深い恨みを公言している。日本は他の西洋列強と同じく中国に大きな利害関係を持ち、上海で銀行業務を行っている。しかしそれにもかかわらず日本は、蒋介石がこの中国の何百年か疫病のように継続している混乱に統一と秩序をもたらしてくれるものと、彼の欠点を我慢しながら見守っていたのである。

■中国を侵食する共産主義

とかくするうち、列強が連合して日本に対抗して世界の貿易市場で結束したために、日本は北支において列強が反日的に中国政府に影響を与えていると感じた。それだけでなく彼らが蒋介石相手にずるく立ち回り始めたから、新たな危難に直面しているとも感じ始めたのである。

この危難はソビエトロシアからやってきた。西洋諸国は中国で経済計画を作成していた。特にその中の一国は中国に大きな権益を持っていた。ソビエトロシアは政治的計画を作成していた。極東に起きたドラマにおけるソビエトの役割はまだほとんど語られていない。だから私が話そう。モスクワが日本と中国の間に戦争の火を点じたのだ。スペイン戦争を起こし、メキシコを赤化しようとしたように。

この四五年、ソビエトは中国に足場を持とうとしていた。それはかなりの段階まで成功している。一時は阿片患者だった朱徳、中国共産党の頭脳である毛沢東、その他の指導者たちを育て上げ、彼らは蒋介石に対抗する赤い敵となった。日本は蒋介石が彼らを打ち負かしてくれることを強く熱望していたのである。彼はそれをやった。軍事的な功績である。しかし種はまだ残っていた。打ち負かされた赤軍は辺境の諸省に四散したが、ソビエトに元気づけられて再び立ち上がる日を待っていた。そうこうするうちに、モスクワの赤軍宣伝大学を出た中国人学生を年に千二百人から千五百人、彼らの母国に送り返し始めた。そして大衆の中で活動し、共産主義の教義と第三インターナショナルの世界革命計画を説かせていたのである。

これらの共産主義者たちは飢える数百万の中国人を使って、金持や蒋介石、そして彼の南京の軍閥政府、そしてすべての外国人相手に戦わせようと慎重に計画していた。彼らは差し押さえた金持の財産、安楽な生活、有り余る食い物を無謀にもすべての飢えた苦力たちに保障したのだ。そして刃物を、銃を用意して「その日」を待っていろと言った。

蒋介石は驚き、「反日」という方法で中国を統一する考えに絶望的にしがみついた。そして彼や金持たちから大衆の視線をそらそうとしたのだ。いくつかの西洋列強からも彼はひそかにそれを奨励された。蒋介石は中国共産党の戦列についに加わった。

日本は中国だけでなく、国家を超えた反日計画に直面していることを理解した。それは西洋列強とリンクしていたのだ。日本が、またある西洋国家さえもが中国の混乱に秩序を与えてくれると期待していた蒋介石は日本の敵と合流した。しかし日本は果実に錐で穴を開けるような反日の嵐が遠くまで広がり、侮辱と周期的な自国民の殺害に至っても平和的であろうとした。

しかしながら、ソビエトロシアと中国共産党は満足しなかった。蒋介石が反共政策を取り続ける限り、彼らは前に進めないのだ。ソビエトはひそかに中国共産党の手先を使って、蒋介石を遠くに監禁し、日本に宣戦布告をするようにそそのかした。彼は日本との戦争を疑いなく考えてはいたが、だからと言って満洲帝国を崩壊させ、満洲の豊かな土地を回収する自信はなかった。

新しくできた満洲国は蒋介石やその配下の軍閥にとって眼の上のたんこぶか、喉に刺さったとげのようなものであった。それは中国共産党にもロシアのボルシェヴィキにとってもそうであった。というのも貧相きわまる満洲から、幸福と繁栄の帝国に満洲国は変貌を遂げていたからだ。日本が傀儡政権をうち立て、満洲人を搾取しているというプロパガンダが世界的に広まっていてもである。日本の統治であっても、疑いなく満洲帝国は繁栄をきわめるだろう。満洲国の清潔で賑やかな町と村、よく秩序だった生活、近代的な鉄道と、中国本土の惨めで貧しい、紊乱した状態を比較して見るがいい。たちどころに南京政府もソビエトロシアも秩序というものから程遠いことが理解されるだろう。

そういうときに西安事件が起こったのだ。それから北京の近くの盧溝橋での日中両国間の敵意の爆発までには大した時間はかからなかった。宣戦布告なき戦争である。真実はまだ分らない。しかしその背後にあるものを見ようとする者には、真実は知れ渡っているのである。

第二章
西安事件と頻発する日本人虐殺事件

■西安事件の真相

蒋介石は中国共産党に監禁されたが、その共産党はソビエトの共産党にそそのかされていた。日本によって満洲から放逐されたために、満洲人が有頂天になった張学良が監禁者として紙面に登場した。彼は赤く染まっていた。共産主義は日本と敵対している。彼は彼の国とロシアの双方を天秤に入れて共産主義に賭けたのだ。ロシアは日本と戦争をするかもしれない、そうすると満洲とその掠奪品が戻ってくるかもしれないと。満洲は彼にも彼の親父にも、豊かな稔りをもたらしてくれたところだった。私兵はまだ手元にあった。苦力たちを犠牲にして彼は多くの妾と阿片に浸りながら、帝国君主のような暮らしをしていた。今見るがいい。捨て犬、流浪者のようだった彼が蒋介石と戦い、ひそかに中国とロシア共産主義との和平を実現していた。彼らにとっては日中間の宣戦布告なき戦争をこれほど早く実現させた大殊勲者なのだ。

西安事件を世界が驚異の目で見守っていた。総統の妻とそのファミリーは怒りに震え、軍司令官たちが爪を噛みつつも平和を維持し、どうすべきか事態を見守っていた。中国ロシア双方の共産主義者たちは彼らの計画を蒋介石に突きつけ、諾否、好悪を問うていた。まさに大胆なサイコロが投げ込まれたのだ。アジアの運命と利害を国際的陰謀の中に放り込んだのだ。

蒋介石は驚いて夜の闇の窓の外に飛び降りた。寝巻きのままだった。飛び降りたときに入れ歯を落とした。背中も怪我した。全く惨めなままに誘拐者の前に引きずられていった。彼は誘拐されたのは幸運で救われたのだ、そしてごくごく丁重な中国的もてなしを受けるだろうと言われた。彼は籠の中に首を入れて帰るか（つまり首を切られることだ）、政府の方針をソビエト寄りに変更して日本との戦争の約束をするか、選択を迫られた。そこには蒋介石政府と公然たる軍事同盟を結び、共に戦うことが記されていた。

餌は満洲であると約束せられていた。張学良は誘拐に大きな役割を果しており、彼にはかつての領土である満洲が与えられるのであった。

蒋介石にとっては、飲み込むには苦くて堅い丸薬であった。決意するには時間が足りなかったし、直ちに決意を表明するわけにもいかなかったから、入れ歯を落として話ができないのだと嘆願した。それから入れ歯の捜索が狩をするように熱心に行われた。いつの日にか博物館か歴史の中に現れるかもしれないが、結局見つからなかった。

蒋介石はこの命の危機において、彼の妻とそのアドバイスを必要とした。彼女は軍事作戦以外のブレーンとして蒋介石に多大の信用があったのだ。妻・宋美齢はクレバーな報道官として、西洋世界で不朽の名声を与えられていた（その幾つかについては詳しく後述する）。そうした名声のために、彼女はいろんなところで女神以外の何者でもないとみなされていたのである。いろんなところというのは、少なからざる人々が彼女を心底嫌っている国の外においてという意味である。

入れ歯がないから話せないという蒋介石のために、宋美齢は西安に飛んでいった。夫のために新品の入れ歯を持参してと、歴史はいつかうやうやしく記すことだろう。蒋介石商店の番頭の到着とともに、いつまでも何も話せないという態度や、南京政府の方針を変えるかどうかという選択肢はどこかに消えてしまった。しかしアドバイスをしてくれる妻がそばにいるということは、何が起こったとしても彼に余裕や慰安をもたらしてくれた。

私は保証するが、自分の夫の首が無惨に切り取られることを欲する妻はいない。またそれに比べれば、政府の方針を変えること、憎むことばかりを教えられた国相手に戦争をすることなど小さなことである。しかし彼女はあわてなかった。その場にいた者をたじろがせるような有利な交渉を開始した。

明らかに理解できることだが、宋美齢はもし夫が政府の方針をソビエト寄りに方針転換するにしても、富豪からすべてを取り上げるという共産主義の理想から、夫や自分、そのファミリー（東洋では誰もが知っている宋家）は除外されるということを持して譲らなかった。また彼女は夫が極東で最も重要とされる「面子」を取り繕う時間を与えられることをきちんと要求した。もし中国で「面子」を失ったら、それは首を切られたも同然なのだ。

それからしばらくして交渉すべてが終ったとき、世界は蒋介石が威厳に満ちており、何も言わず、約束もせず、無条件開放を要求したとのニュースで満たされた。「面子」は保たれたのだ。宋美齢は堂々と彼を助けに飛んでいった。張学良は意気消沈し、事件の責任者であるから自殺したいとか、「法廷に立つ、立つんだ」と、この凶悪犯罪に最も大きな罰を与えられるべきだと嘆願した（これはロシアの入れ知恵である）などというニュースである。これは東洋においては大爆笑をもたらした。

張学良と一緒にいたロシアの代表者は、この会合が延期されないように、蒋介石にドイツに訓練された彼の私兵を使って時をおかず、偶発的に日本と戦争に入ることを主張した。蒋介石軍は元々の敵を手なずけていた。軍閥は旗色が悪くなれば軍門に下るのだ。そうなれば問題がない。蒋介石は心から同意し、肩の上に無事に首を乗せたまま南京に戻った。彼は不運に負けなかった。少なくとも生き残った。いずれにしろ、「面子」は当分保たれ、世界は何が起こっていたのか少しも分らなかった。そして今日明日にも何が起こるかしれなかった。

■蒋介石、対日開戦をドイツ顧問に告白

南京に戻ったとき、蒋介石夫妻は帰還が早すぎたわけではないと理解した。配下の将軍たちのほとんどは軍閥で、蒋介石がかつて買収したり、討伐したりして陣営に引き入れていたのであり、へんぴながらも領地に逃げ帰って自らの政府を立ち上げようとしていたところだったからだ。蒋介石が開放される前に、手綱は引き締められて彼らは動けなかった。

しかしながら、その中の共産主義に赤く染まっていた連中には、蒋介石と日本軍との戦いが始まり、それに加わり行動を起こす命令が中国共産党軍に伝えられる日までは、しっかり腰をすえて命令を待つようにと西安とモスクワから情報がもたらされていた。むろん西安から、それ以前は南京からモスクワに、広く宣伝されている鉄の旅団を含めた蒋介石の指揮下にある軍隊が、質量、装備ともに日本と対戦する準備ができていると彼が署名し、捺印し、伝言したとのニュースをロシア人顧問が持ち帰っていた。蒋介石と軍閥の連合軍は、いつのまにか世界で最大の常備軍を作り上げていたのである。

しかしながら蒋介石がドイツ軍事顧問と話し合い、西安で何が起こったのか、助かるために政府方針をソビエト寄りに変えること、日本と戦争をすることを誓わされたことなどを話したとき、ドイツ人たちは激怒した。彼らは蒋介石に洗練された軍隊を提供すること

は認めたけれども、蒋介石は日本と戦うだけの、少なくとも後二年は充分な軍隊を持っていないことを言明した。

「二年待ってくれ。そうすれば日本を打ち負かす充分な兵隊と兵器が出来あがる」と彼らは言った。

「そうでなければ、結果は保証できない。これは警告だ」

蒋介石はこれらのドイツ人顧問団に絶大な信頼感を持っていた。頭のてっぺんから足の先まで軍人であり、第一次大戦のベテラン指揮官であった。蒋介石は彼らの言うことを理解できた。だから彼はモスクワに、「もう少し時間をくれ」と頭を下げた。事実は言い張ったわけで、奇妙な言い方だが、この問題は山を越えたように見えた。

ソビエトもそれを了解した。なぜなら国内では、人間のように歩く赤いロシアの熊どもが立ち上がって、トラブルが起きていたからだ。スターリンは数万人の最初の粛清を始めようとしていた。その中には赤軍の初代の指揮官や将官が多数含まれていた。ソビエトは革命に直面していた。実際問題として、彼らは日本との戦いに協同作戦を取るという約束をしておくという余裕がなかったのだ。

日本においても、何が起こったか、蒋介石が誘拐されてモスクワの影響下に置かれたことが分っていた。日独伊の協定によって共産主義者の行動に関する情報が迅速に交換されていたからだ。モスクワから見れば、迷惑この上なかった。反共同盟を結ぶヒトラーとムッソリーニはロシアの背中側にいたのだ。

蒋介石はロシアから猶予されたことを大いに喜んだ。彼はそのときスターリンが国内で、自国民相手の静かな戦争をしていることを知らなかったのだ。銃火器を使って何万人も刑務所や地下牢に叩き込んだり、また赤軍の屋台骨が弱まってしまったために再建しなければならず、協力どころではなかったのである。蒋介石は後になってそのことを知る。悲しいことにそれは遅すぎた。

■共産主義者、日本を挑発

さあ、中国では若い共産党員が、蒋介石が誘拐されてソビエトのコントロール下に置かれ、日本との戦争に同意したという西安とモスクワからのニュースを歓迎していた。後に南京に帰ってきた蒋介石によって戦争は延期されることになり、今度はその言葉は彼らの怒りと不信で迎えられた。彼らのリーダーの幾人かは南京政府で信用を得ていた。彼らは蒋介石の大軍でも日本を打ち負かすには充分ではない、結果として戦争は延期するしかないと警告とともに説得された。南京政府は彼ら数千名を数える若い共産主義者やモスクワの赤軍宣伝大学で訓練と教育を受けた数百名に、実際の戦争の代わりに、さらに一層大衆に反日キャンペーンをするように求め、結局は始まることになる日本との戦争に備えるように説得した。

しかし若い共産主義者は血が熱く敵意に燃えていた。すぐさま戦争を要求した。軍閥の大軍隊が行進し教練をやっている。都会の警察は夜に銃剣訓練をしているではないか？これは血と復讐の栄誉の日、金持が貧者にされ、貧者が金持になるその日を欺こうとするトリックではないのか。町からソビエトの旗が一掃されるのだと彼らは考えた。

「よし分った」彼らは結論づけた。もし蒋介石が言い逃れするなら、自分たちを騙そうとするなら、自分たちの手で事件を起こし、戦争にしてやる、日本を戦争に引き込んで見せると。

実行するのは簡単だった。中国には他国の人々と共に、万を数える日本国民が住んでいた。そのほとんどは孤立していた。中国人の町に妻や子と一緒に市民として暮らしていた。軍隊に保護されてもいなかった。商人や貿易業者は近づきやすく、逃げるのも簡単だ。中国では外国人が殺され続けてきた。目新しいことではなかった。再び起きてもおかしくない。おまけに日本人の男や女、子供たちは他の国から人気が悪くなっていた。モスクワやヨーロッパのある国々による熟練したプロパガンダのためである。その中の特に一国は中国に大きな利害関係があり、日本の商業的台頭を恐れていたのだ。他の国民は後で始末してやる。中国共産党はまず日本人を血祭りに挙げることに決めた。もし日本人が二三千名殺されたとして、誰が対応するのだ。虐殺は日本を激昂させるだろう。自国民を殺されて行動を起こさない国はない。面目は立たない。日本人虐殺は日本との戦争となるだろう。

蒋介石も戦わざるを得なくなる。

そしてまた、蒋介石は南京で新たに軍隊を狂熱的に作り直そうとしていた。そしてこれによって中国中にさらに大きなスケールでの日本人男女、子供の虐殺が始まることになった。これには朝鮮人も含まれる。防禦方法を持たない無辜の日本人たちは、家で、店で屠殺され、町や村の街路で暴徒に殺された。数え切れない多数の日本人、朝鮮人たちがこうして死んだ。孤立したコミュニティで殺されていく。

■通州事件

私が住んでいた北支の百五十マイル以内のところに、二百名の男女、子供たちが住んでいたが、共産主義者によって殺された。二十名はほんの子供のような少女だった。家から連れ出され、焼いたワイヤーで喉をつながれて、村の通りに生きたまま吊り下げられていた。空中にぶらぶらされる拷問である。共産党員は野蛮人のように遠吠えしながら、揺れる身体を銃弾で穴だらけにした。

日本人の友人であるかのように警護者の振りをしていた中国兵による通州の日本人男女、子供らの虐殺は、古代から現代までを見渡して最悪の集団屠殺として歴史に記録されるだろう。それは一九三七年七月二十九日の明け方から始まった。そして一日中続いた。日本人の男、女、子供は野獣のような中国兵によって追い詰められていった。家から連れ出され、女子供はこの兵隊ギャングどもに襲い掛かられた。それから男たちと共にゆっくりと拷問にかけられた。ひどいことには手足を切断され、彼らの同国人が彼らを発見したときには、ほとんどの場合、男女の区別も付かなかった。多くの場合、死んだ犠牲者は池の中に投げ込まれていた。水は彼らの血で赤く染まっていた。何時間も女子供の悲鳴が家々から聞こえた。中国兵が強姦し、拷問をかけていたのだ。

これは通州のことである。古い町だが、中国で最も暗黒なる町の名前として何世紀の後も記されることだろう。この血まみれの事件に三百八十人の日本人が巻き込まれた。しかし百二十人は逃げおおせた。犯され殺された者の多くは子供であった。この不幸なおびただしい日本人の犠牲者たちは暴行が始まって二十四時間以内に死んだのだが、責め苦の中で死んでいったのだ。中国人たちは焼けたワイヤーを鼻から喉へと通し、両耳を叩いて鼓膜を破り、彼らの「助けてくれ」との叫びを聞こえなくさせた。目玉を抉り出し、自分の拷問者を見られなくした。アメリカ西部の開拓初期の頃のイロクォイ族もスー族もこんなことまで考案しなかった。

セオドア・ルーズベルト・ジュニア夫人は中国から帰ってきて、『サタデー・イヴニング・ポスト』（一九三七年十月二十一日号）に、中国人の品行問題について、啓発的意見を述べている。

「……突然私たちは叫び声を聞いた。それは不機嫌なわめき声に変わっていった。私たちの直ぐ下で、一塊の群集が激怒した暴徒と化し、大声で叫びながら、五人の日本人を追っていた。四人はうまくバスの中に逃げ込んだ。奇妙だが、中国人は日本人を引きずり出そうとしなかった。一人がよろけて落ちた。彼らはそこに襲いかかった。それから彼は血だらけになるまで蹴られた。殴られた。踏みつけられた。肋骨が折れ、顔がどろどろと血まみれだった。そこに白いターバンのシーク教徒の交通警察官が南京路の交差点から鞭を持ってやってきて、暴徒をうさぎのように追い散らした。それから救急車を呼んだ。暴徒がまた集まってきた。明らかにやり返しに来たのだ。私はあの日本人が死んでいると確信した。しかし担架に乗せられたとき、彼の手が動くのを見た」

■日本にいる中国人は安全である

こういう事件が起こっているときも、その後も、日本帝国に住む六万人の中国人は平和に生活していた。彼らの生命や財産は、日本人たちとの渾然一体となった友好的な社会関係の中で守られていた。私は横浜のチャイナタウンを歩いたことがある。他の町でも遊んでいる中国人の子供を見つけた。危険や恐怖など何も知らない表情だった。

かたや中国では、かの国人が暴徒と化して、日本人の子供を好きなように捕まえていたのである。東洋的微笑の中で我々のように暮らし旅した者は、「日本人の残忍さと非人間性、それに較べて貧しき中国人の平和な人間性とはいかに違うものか」と聞くことがある。

通州で無辜の日本人たちを虐殺したまさしくその中国兵たちが、捕虜になったときは日本軍によって給養され、「罪を憎んで人を憎まず」のサムライ精神によって、「もうああいうことをしてはいけない。さあ行け」と説かれていたのである。日本軍の将官は虐殺の罪を無知な兵隊に帰するのではなく、南京の軍閥やモスクワ、無知な耳に叩き込まれた反日宣伝のせいだとしたのである。

世界はこれらの非道行為を知らない。もし他の国でこういうことが起きれば、そのニュースは世界中に広まって、その恐ろしさに縮み上がるだろう。そして殺された人々の国は直ちに行動を起こすだろう。しかし日本人は宣伝が下手である。商業や戦争において、西洋諸国のような方法を取ることに熟達していたとしても、日本人は自らの敵が世界で最強のプロパガンダ勢力であることにもかかわらず、宣伝を無視するだろう。

中国にいる外国人には驚きとしか思えないのだが、日本はすぐに動かない。彼らは共産主義者によって虐殺が遂行されたことが分っていた。また西洋諸国が日本を世界貿易市場から締め出した以上、北支との間でビジネスをしなければならないことが分っていた。率直に言って、中国とは戦争をしたくはなかったのである。中国政府がロシアのボルシェヴィズムの罠に絡め取られていることも分っていた。しかしそれでも中国の人々とは戦争をしたくはなかったのである。なぜなら中国は隣国であり、もし望むならば、生きていくためのなくてはならないお客様だったのである。

日本は南京とモスクワを真剣に観察していた。まずソビエトの国内がぐらついているのを知った。共産主義と第三インターナショナルは時がくれば自壊するだろうと。蒋介石とその統治が中国人に人気がないことも知った。彼らは蒋介石とその将軍たちが外国に資産を蓄えていることを知っており、時が来れば、愛想づかしている彼らに代わって新しい指導者についていくだろうと。その指導者というのは日本のように共産主義に反対し、北支に日本のために貿易を開始してくれる人物である。

■盧溝橋事件

日本人虐殺は続いていた。掠奪、殺人が継続した。そして盧溝橋で日本軍が銃撃された。中国共産主義者がこれをやった。火をつけて引火させたのだ。というのも日本軍の軍服は天皇を表象する聖なるもので、日本人は深く永遠なる愛で天皇を仰募していたからだ。つまり心の中にある火が大きく燃え上がったのだ。

日本は今度は迅速に対応した。共産主義者は後退し、南京の軍閥の統治下に呻吟していた北京市民は、日本との門が開かれたことを喜んだ。彼らは蒋介石の北京抹消計画を知っていた。また世界では知られておらず、中国人は皆知りたがっていたことだが、蒋介石はモスクワの共産主義と平和協定を結んでいたということも知った。中国共産党は権力の座に昇ろうとしていたのだ。

中国共産党は蒋介石を日本と戦わせようとし、戦争に引きずり込んだ。思ったとおりになった。しかし北京の市民はこれらの共産主義者に抵抗した。町が共産主義者に乗っ取られたならば、南京に屈従しなければいけないし、反日軍閥に救いを求めねばならない羽目になるのだ。

第三章
第二次上海事変の内幕

■「アメリカを引きずり込め！」

中国の軍閥は利己的な群れでしかない。彼らは自分のことしか考えず、国家のことなど眼中にない。彼らの力と地位の源泉は持っている軍事力のみである。そして誰もが知っていることだが、もし彼がその私兵で日本軍相手に打って出れば、敗北して軍閥ではなくなることである。だから軍閥は言い逃れるのだ。特に彼らの中心にいる軍閥――蒋介石はドイツ人に訓練された五十万を数える軍隊を大事にしていたが、彼もまたそれらをなくせば、自分もこの地位にいられなくなることを知っていた。そこで蒋介石はある政策を最後まで遂行することにした。それは配下の軍閥から助けになりそうなものをピックアップし、全面的な信頼が置けない者、自分に反抗しそうな者を日本軍と対戦させることである。

同時に彼は軍事面に関する彼の司祭というべき、非情なドイツ軍事顧問たちに向き直った。彼らは蒋介石のために戦争マシンを作り上げ、また新たに作ろうとしているところだった。このドイツ将軍たちは理想主義者ではなく、経験の深い実際主義の男たちであった。彼らはどの中国軍閥将軍たちより戦争を知っていた。この危機に、彼らは判断と指揮をする立場にいたのであるが、時を稼いで言い逃れをしようとした。最初はうんざりしていた。というのもかつて彼らのアドバイスは多くの場合聞き入られなかったし、今度も受け入れられるとは思えなかったからだ。

つまり彼らは蒋介石にこう言った。「外国に干渉するよう頼みなさい。あなたは一人では勝てない。ロシアは今ここにはいない。協力者が必要でしょう。イギリスに頼みなさい。しかしながら、力のある干渉者となると好ましいのはアメリカです。こうしたことになるとアメリカ人はいつも便利だ」

これはそんなに難しくはない。シンパシーという点では、最初から中国の方にあった。日本人は侵入してきたのだ。彼らは侵略者なのだ。中国の領土を奪い、帝国を広めようとしたのだ。一旦中国を征服したならば、中国人を組織し、世界を征服するのだ。これはモスクワとロンドンのエージェントが世界に送り出した最大のプロパガンダだ。これらのエージェントはそうしてここ二年間、日本人をこてんぱんにやっつけていたのだ。

さて今彼らはいかにも楽しそうに新しく仕事を始めた。迅速になさねばならないもっと強烈な仕事だ。世界中を反日にする、おそらくアメリカによる干渉の道を整えようという仕事だ。つまり、アメリカは「世界から民主主義を救え」と言うためには最適だというわけだ。イギリスは特にアメリカで反日世論を燃え上がらせ、警告するということでは嘘偽りなくロシア人をしのいでいた。

■蒋介石の上海攻撃

蒋介石はドイツ軍事顧問たちから干渉を引き起こすよう耳にささやかれて、上海に着目した。そこには国際租界があった。外国人がいて、外国の銀行があって、会社があって、外国人住宅があった。ここで事を起こせばもっと簡単ではないのか？　町は日本人の避難者でごった返していた。日本の水兵と陸戦隊は彼らを乗船させ、国外に出そうとして忙しかった。上海での戦いは結果として日本人を外国人区域に閉じ込め、そして外国人が殺害されることとは、外国の干渉と日本に対抗する強力な同盟形成を意味することになる。戦いは上海そのものの破壊につながる。北京と同様に上海は忘れられることになるじゃないか。

ドイツ軍事顧問たちはこれに賛成した。しかし彼らは上海に蒋の私兵を決して送らないこと、そして戦いを長引かせないことをアドバイスした。「一撃して去るのだ」と彼らは言った。「日本軍がやってくるまで戦ってよろしい。日本の水兵や陸戦隊との戦いに制限を設けなさい。しかし日本軍が来たら、逃げるのだ。あなたが自分の軍の精鋭を失いたくなければだ」

「しかし退却したら、私の面子はない」と蒋介石は泣いて訴えた。

「部下を失うよりは、面子を失う方がいい」とドイツ顧問は怒って言った。こうして上海で干渉を引き起こす手立ては整ったのだ。

これは実にうまく、ずる賢くなされた。これは世界を、特にアメリカをペテンにかけた。ほとんど成功しそうだったのだ。ただ干渉を引き起こすということでは成功しなかった。これを目撃していた外国人たちには全く驚異でも何でもなかったからだ。しかしその過程で、蒋介石はドイツ顧問たちのアドバイスを忠実に履行しなかったために、虎の子の旅団を失った。戦いを長くやらせすぎた。面子のために彼は自分の軍団を犠牲にしたのだ。

蒋介石は上海に軍隊を送るのに、旗を掲げ軍楽隊が演奏するような派手なことはしなかった。まずそれは租界には武装した中国軍は入れないという条約違反であるからだ。中国軍は長いこと無辜なる市民相手に、虐殺と強姦をこととするという世評が高かった。これは中国人にも、彼らを排除したいと思う外国人にもある。

蒋介石は上海の混雑した地域に十万を超える粒よりの部下をもぐりこませた――軍服は着ず、苦力みたいにむさくるしい格好で、武器は隠していた。彼らは数百万の苦力と入り混じり、命令を待っていた。その一方で日本人は港に船があり、水兵や陸戦隊は上陸して、混雑する中、避難してきた日本人を乗船させようとしていた。戦いは既に北京郊外で始まっていた。

水兵と陸戦隊、合わせて約二千名であった。蒋介石は攻撃を始めた。彼の一撃は単に二人の士官を殺すことだった。日本は在留民の生命と資産を守るために陸戦隊を上陸させた。それが合図だった。南京からやって来ていた粒よりの十万人が攻撃をしかけてきた。日本人は突然直面したのだ——二千対十万、黄浦江を背にし、全滅の危機に瀕した。

■上海事変の開始

戦いは始まった。しかし最初の銃撃が始まる前に、モスクワとヨーロッパのプロパガンダ機関、中国の報道機関が動き始めていた。

世界では、統一されて目覚めた中国が侵略者に直面しているのだと報道されていた。戦いが始まり、一握りの日本人たちが川に追い落とされないように、南京からの圧倒的な兵力を持った正規兵の攻撃に対抗して絶望的に戦っていた。そのとき世界では、モスクワからロンドンと、日本は自らと互角に戦う中国兵を見出していると報道されていた。

日本兵にとっては驚愕としか言いようがなかったのだが、すべての地域がひそかに要塞化されており、数万の訓練された飛び切り上等の武器を持った中国兵と自分たちは直面し、罠を仕掛けられたことを理解したのだ。一週間夜も昼もなく、ほとんど食うものもなく、弾薬は不足していた。しかし王手をかけられながらも、彼らは数十倍の敵を持ちこたえたのだ。未来のいつか、この戦いの歴史が書かれるとき、軍事史が記録されるとき、あのクリミア戦争でロシア軍と戦ったイギリス軽旅団やその他の有名な聯隊と同じように圧倒的な不利にも拘らず、一週間持ちこたえたこの二三千名の日本兵の立場でそれは書かれるだろう。

戦いは圧倒的な不利にも拘らず、血の一週間を持ちこたえた。しかしながら世界の新聞は日本を罵り、嘲った。特にアメリカが率先していた。と同時にある外国の国々は日本の没落を熱望しつつ、中国軍に援助と武器の供給を始めたのだ。貿易において日本はライバルだからである。日本軍は大至急でやってきて、本気で戦った。蒋介石は上海にさらに何師団もつぎ込んだ。南京のドイツ顧問たちは怒鳴り散らし、激怒し、抗議した。「もういい。もういい。兵隊をすぐさま引揚げさせなさい。撤退させなさい。後退させなさい。あなたは日本軍に制圧される。日本軍はさあ来いと待ち構えていますよ」

■わざと自国民を犠牲にする中国軍

日本は橋頭堡を確保した。秩序を回復させようとした。中国との戦争ではいつものことだが数では十あるいは十二対一で負けていた。しかし日本はもう五分五分で戦うつもりでいた。干渉をもたらそうという絶望的な努力が続けられていた。中国は何度も何度も日本軍の砲火を国際租界に命中させようと企んでいた。最初の頃だが、中国軍機がキャセイホテルやパレスホテルに爆弾を投下さえした。中国人が何百人も死んだ。後になって彼らは「これはミステイクだ」と主張した。しかし地上で見ていた多くの人は、これらのホテルの爆撃やエドワード七世通りその他の混雑した中心街を爆撃で血まみれにすることには計画性があり、干渉をもたらそうとしたのだと確信していた。

どうしても諸外国の力を利用しようとしてやけっぱちになった蒋介石は、あろうことかバリケードや戦っている建物、移動車両の上に外国の旗を掲げさせた。しばらくはこのトリックは効果があった。日本は被害を抑えるために旗のあるその目標には攻撃しなかったのだが、事実が分るとこれらの要塞を爆撃し射撃した。中国が望んだように失敗は確かにあって、東京を何度か熱く騒がせた。しかしなんとか危険を潜り抜けて、日本は干渉を避けることができたのだ。

この流血の数週間、あわれな苦力とその家族は自国の兵隊が射撃に使った建物に羊のように群がった。そして兵隊とともに数百人と死んだ。これらの人々を救おう、避難させようという努力は蒋介石やその配下には全く見られなかった。苦力たちによって建物が一杯になると、それはバリケードとみなされた。南京の軍隊はただ移動してきて射撃を始めたのだ。

共産主義のプロパガンダを吹き込まれている世界の新聞は、大喜びで戦いが始まったことをわめきたてた。中国兵を上海から追い立てることに日本が失敗することを予告し、

「よく戦った。そしてよく戦うだろう」と中国にひそかにエールを送ったわけだ。

私は日本軍の指揮官たちと話した。すると彼らの言うことは、ドイツ顧問たちが南京で蒋介石に話していたことと合致していたのだ。日本軍指揮官でも上級のある将軍は私にこう言った。

「私は正しいことをやったと満足しております。我々は蒋介石軍を制圧した。これで多くのトラブルから解放されます。この戦いは彼らが始めたのです。あなたたちアメリカ人がよく言うように、『これでやつらは終りだ』ですよ」

その後は毎日毎日、日本は蒋介石軍の精鋭を倒していった。南京のドイツ顧問たちは蒋介石に会いに行き、彼が政治的に葬られかねないから上海から退去してくれと懇願した。

「面子だ、面子」と蒋は叫んで言った。「世界の前で私は面子を失うだろう。外国の驚くべき宣伝を見たまえ。そうはできない、干渉させるチャンスなんだ」

しかしドイツ顧問団にとっては何年もかけて蒋介石のために作り上げた軍隊が消耗し、消滅の危機にあった。報道など気にしていられなかったのだ。アメリカ人よ、自国の新聞を読んでもらいたい。新しい統一された中国が日本と戦っていると書かれている。しかし実際の問題として、蒋介石は「面子」を保つために彼の部下を犠牲にしていたのだ。そして中国にいる人々はほぼ一致して（特に上海では）軍閥のボスが上海から出て行き、平和を取り戻させてくれと神に祈っていたのだ。

■プロパガンダに頼る蒋介石

モスクワと南京のプロパガンダ広告機械は、もっと愉快に最も効果的にぎしぎしと動いていた。「決死の大隊」「玉砕旅団」というようなキャッチフレーズでニュースを盛り上げていた。しかし事実は「決死の大隊」も「玉砕旅団」も何の意味もなかった。どちらも厄介なところにおかれたとたん、その場を放棄して逃げ去ったのだ。しかしながら蒋介石軍が上海を放棄してからも、その場を守って立ち上がろうという人々がいると宣伝されていた。蒋介石は叫ぶような口調だった。戦略的拠点を放棄しながらも、世界に向かって力強く宣言した。「最後は勝利する」。これは中国にいる外国人には冗談を言っているとしか聞こえなかった。「総統は最後には勝利すると言っているが、無理だよ。『最後の逃亡』だろう」

彼の声明は裏切られ続け、継続的な敗退は彼を信奉する人々についていこうとする気持ちを薄れさせた。どんな男も逃げ廻っていては国家的英雄でいることはできない。いや、蒋介石は実はもう多くの人には国家的英雄ではなかった。特に哀れな貧乏人には、彼の膨大な資産を思えば、新生活運動とか政府改革などと言っても意味がなかった。しかしながら外国では彼はまだ威信を保持していた。敗北が深まるにつれて、より大きな同情が彼と妻のために起こってきた。そして世界が考えたのは「彼の国民」のことだったのだ。

総統と軍閥の軍隊が日本の打撃に落ちこぼれ始めると、蒋介石は宣伝力を強化した。これはモスクワとあるヨーロッパの国々と結びついた。あらゆる退却が戦略の転換に、あらゆる敗北が英雄的な行為へと変えられた。後には嘘だと証明されるのだが、勝利の物語を新聞に載せさせた。同時に日本の本当の勝利の価値を貶めて差引きゼロにしようとした。

南京政府は南京が陥落するまでもそれからも、ヨーロッパとアメリカで軍需品の購入に必要な信用の維持に直面していた。莫大な金持だった蒋夫妻とそのファミリーは彼らの資産は全く使わず、もし中国が日本を撃退したなら、よいコレクションは何でも遠慮なくどうぞと誠に気前よくサインに応じ、国の資産は売り渡されたのだった。

蒋介石の義兄である財務部長の孔祥熙博士は私にこう言った。彼の邸宅におけるディナーの席だった。それは彼がヨーロッパに軍需品購入のためのクレジット交渉に行く前であった。彼は中国は世界中から同情を得ていると語った。そして中国は「これで日本を打ち倒すだろう」と。孔博士がヨーロッパにいるとき、これらは誠に気前よく署名譲渡されたのである。もし蒋介石が勝ったら、中国人を何世代にも亘って貧乏にするのである。そして宣伝機械は迅速にぎしぎしと動いて、「中国の勝利」「日本の敗退」という大嘘を吐きまくったのである。

これらはすべて外国の騙されやすい人々に鵜呑みにされたのである。銀行家だってそうである。孔博士が母国の豊かな資産を質入れする書面にサインしているとき、プロパガンダ機械によって世界中に蔓延した物語がその耳に吹き込まれ、多くの国の紙面に「中国は勝っている」という見出しが踊っていたのである。その中国の資産といえば、苦力やその子供たちによって形成され、日本軍がやってくる前に中国軍が鶏を追い払うようにして手に入れていたものである。

中国の勝利という物語が幾つも合わさってくると、一方では日本軍は狂った野蛮人だということに照明を当て、キャセイホテル爆撃のような流血を巧妙に隠すことをおっ始めた。アメリカの新聞は特に日本軍の市民への爆撃を見出しに掲げて金切り声を上げていた。中国の軍閥がやけのやんぱちになって、外国の干渉を引き起こそうとしているだけでなく、苦力を興奮させて日本軍に焚きつけようとしている事実など少しも報じないし、暗示もしないのだ。また中国軍が密集市街地の中心に塹壕を掘り、外国人の資産を遮蔽物にして銃器を据え付けていること、銃眼の付いた胸壁に第三国の旗を立てていることなども報じないのだ。

何度も何度も日本軍指揮官は中国軍側に市民に近いところから戦闘地域を移動するように、あるいは薄っぺらな構造物を防御に使うくらいなら少なくとも撤退するよう要請した。しかし中国軍とその兵隊はこの人道的な日本側指揮官の請願を拒否するだけでなく、警告もなくこのあわれな中国市民の身体と掘っ立て小屋を、敵への遮蔽物や生餌にしたのだ。

第四章
残虐きわまる中国軍を糊塗するプロパガンダ大戦略

■「焦土作戦」と「氾濫作戦」

蔣介石の宣伝係はプリンターインクで戦っている。兵隊や銃ではない。しかし一般のナイーブなアメリカ人や世界の人々をうっとりさせるような大当たりを取っているのだ。

新聞の見出しやニュースのコピーでうまくいったものがある。「焦土作戦」である。蔣介石の宣伝係は言った。「侵略者」を引き返させるために、「彼らの背後のものをすべて破壊した」と。これはいつもこの作戦に固執している中国の軍閥の私兵のためには皮肉か冗談の類いである。退却するとき、もし彼らが外国人を殺しも掠奪もしないならば、自分と同じ民族相手にやるまでである。やられる方は、長い付き合いでこういうことにはもう馴れてしまったよと言うしかなくなるまでやるのだ。

この「焦土作戦」はアメリカやその他の全く単純かつ穏健な勤め人たちには、残酷な侵略者に対抗してのっぴきならない犠牲を強いられたときにする、身を守るための民衆の高貴な行為だとみなされていた。

これに継ぐのが「氾濫作戦」である。蒋介石の配下が黄河の堤防を切って数十万の中国人——男も女も子供も溺れさせたのである。逃走する中国兵を追ってくる日本軍をストップさせるためである。彼らは堤防を切った。自分の首と財産を守るためである。そして結果として死んでいく彼らのかわいそうな同胞のことなどちっとも考えなかった。こんなことが起きたらどんな政府でも、普通は世界から忘れるなと非難されるだろう。しかし総統の宣伝係は多くの人の自己犠牲と愛国心によるものとみなされると、うまいこと取り繕ったのだ。

もし我国のこの善意の魂の持ち主たちが、みじめな中国人農夫や女たち、子供たちの逃げ足の速い中国軍に対する叫びとのろいを聴くことができるならば、もし彼らが蒋介石とその軍隊に拳を振り上げて地獄の呪いが降りかかるように祈っているのを見ることができるならば、起こっている事態をもう少し違った角度から見ることができるだろう。しかし彼らが中国に見るものすべて、そしてこの「氾濫作戦」など、陰険でずるがしこいプロパガンダを通してしか彼らは理解していないのだ。このプロパガンダは蒋介石が高給で雇った作家たちによって毎月発表されている。そいつらは歴史を動かす天国の住人のような気がするとして、物々しく「アーメン」と言っているのだ。

蔣介石の側には、「焦土作戦」や「氾濫作戦」を正当化する宣伝が作り上げられてはいたが、開戦後一年もすると、彼の配下の中国軍の乱暴行為のニュースが検閲を逃れて外部世界に少しずつ漏れ出してきた。凶暴で抑制が効かず、自国の町や市を掠奪して廻る中国兵のことが「漏れ出し」、外国人への影響を抑えるために、なんらかのプロパガンダが必要とされたのだ。中国兵が自国民から掠奪しているということは、蔣介石とその軍閥に反作用を及ぼしていたのだ。

■スケープゴートにされた張学良

結果的に中国軍と帯同している特派員たちは、総統とその軍閥から「責任が持てない非正規の兵隊」による町や村の掠奪を防ぐための、効果のある「厳格な規律」が取られることになったという情報を餌として与えられた。責任は前の満洲の師団に課せられた。「若き元帥」こと、張学良の軍隊である。彼は父の満洲のその領土を受け継いでいた。物資を堂々と密輸し、好きなように掠奪し、虐殺していたが、日本に追放されたのだ。共産主義に転向したあの「若き元帥」である。そして彼はモスクワと中国共産党に晴れて選ばれ、蔣介石の西安での誘拐という仕事を任されたのだ。その結果、南京中央政府の方針をソビエトに向かわせ、日本と戦争させたのである。この行動のために、張学良は総統が南京に帰還した後、共産主義者流に罰せられることを求めた。しかし代わりに柔らかいベッドと配下の軍隊の指揮権を再び与えられたのは記憶されるべきであろう。

蒋介石とその将軍たちが、自分たちの軍隊による町や村の掠奪という醜い噂を振り払うために、どのようにしたかは興味深いことである。『シカゴ・デイリーニュース』（一九三八年八月二十五日　中国鄭州発特電）の見出しは以下のようになっている。蒋介石のコントロールと検閲下にあるのはもちろんである。

砲弾、洪水、そして掠奪は中国に荒廃をもたらす
一部の防衛軍は戦いより強盗で忙しい

特派員の名前は、A・T・スティールで、彼はこう書いている。

「戦争と洪水は黄河流域の人口が多く密集している平原に恐ろしい傷跡を残した。洪水のために数百マイル四方が消えてしまった。ここ鄭州はかつて繁栄した二十万人の町だが、日本の爆撃でほとんどの建物は壊されている。

「同様に気がめいるのは、数百を超える商店や家屋が掠奪されて、無責任な中国兵によって丸裸にされていることだ」

同時に賞賛するとはお世辞にも言えない日本軍より、中国軍は統制が取れているとコメ

ントは続く。蒋介石の検閲を受けて特派員は以下のように書くのを許される。

「しかし無責任な兵隊たちは例外的であることが証明された。中国軍の中で最低ランクに位置することは議論の余地がない。深く疑われているのはいわゆる東北軍である。満洲事変後に、満洲から日本軍によって追い出された兵隊中心に出来上がった軍隊である。指揮官は張学良である。彼は西安で蒋介石の誘拐以来、いわゆる『軟禁』状態におかれている」

ついでながら、軟禁というのは「若き元帥」の地位は完全に自由だという意味も含まれている。蒋介石との協議の上で彼の私兵の師団の指揮もしているのだ。特派員は張学良が「スケープゴート」にされようとしていると暗示もしている。つまり中国軍の掠奪だけでなく、上海、北部の山東の失陥、隴海鉄道の戦いの敗北などの責任を取らされているのだと。しかしこれらすべては蒋介石配下の軍隊に顕著な責任があるのだ。この正反対に思える仕打ちは、蒋介石の日本と戦う資格に対するとかくの批評から彼を救い、かつ中国人だけでなく世界に、鄭州の検閲を通して総統の有益なアリバイを提供しようという明らかな必要性に基づいていたのだ。

キャセイホテルにおいても抜け目がなかったが、蒋介石は日本軍の到着前には絶対町を守ると言っておいて、陥落が間近になると最初に逃げ出し、後は数名の将軍に任せる。蒋がひそかに恐れ、恨みを抱いていた連中である。つまりその失陥に責任を持たせるのだ。

鄭州の検閲に気をつけてみよう。さあこれがアメリカに来るとどうなるか。

「東北軍は満洲で、上海で、北部山東で敗北した。そして今度は隴海鉄道の戦いにまた失敗した。それぞれのケースで、彼らは戦闘よりも掠奪に熱心だった。

「ここ鄭州では、日本軍がわずか二三マイル近くまで迫っているが、満洲師団の一つが元の木阿弥に戻ってしまった。満洲の匪賊性をいかんなく発揮して暴れまわり、町を掠奪しまくった。ちょうど日本軍が鄭州を占領しようという頃、黄河の堤防が破られ（中国兵による）混濁した水が激流となって、進軍する（日本）軍の通り道をふさいだ。鄭州は安全で、そこにやってきた中国兵はわき目も振らずに掠奪に専念することができた。これは五日間続いた。……鄭州のおびえた人々は日本軍の接近を逃れて、爆撃され掠奪された自分の家にぼつぼつ帰り始めた」

記事は鄭州の人々が自国の兵隊に掠奪されたことについての反応や、あるいは蒋介石配下の兵隊の軍靴に踏んづけられているよりは、日本軍の警護の下にいるほうがはるかに安全だと思っているのかどうかは述べていない。

読者には日本が追い出し、今は中国で掠奪にいそしんでいる兵隊たちの手にあるよりも、日本が協力して確立された政府の下では、満洲の人々がさらに安楽ではなくなったのではないかという判断の余地は残されている。

■中国ニュースの巧妙なからくり

この特電をかなり長く引用したが、それというのも蒋介石の権力下では、彼らの支配地域の事件についてダメージをもたらす証言が漏れ出すようなことは滅多にないからだ。彼らはここ二年ばかり、自分たちに本当に都合が悪いことや外国の新聞に真実を知らせる写真とかが全く見出せないほど、この点に関してとても注意深く慎重であり、熟練している。他に例が見出せないほどだ。もちろんその結果は、国外の普通の人は中国に関して何も分らないし、日本と戦っている人々は偉大な愛国者であり、その指導者なのだという印象を植え付けられるのだ。

しかしながらこの特電は、蒋介石の広報機関が二歩も三歩も先んじる、あるいは適当な弾幕を張って、なかったものにするという彼らのやり方に沿っていることを例示しているのだ。もしそうでないと疑いなく世界に知られ、彼らにダメージを与えることになりかねないからだ。

この端的な一例が中国によってなされた日本への飛行機の襲撃だ。私はそのとき中国におり、このやり方がとほうもない巧妙さでなされているのを見た。

宿縣が陥落しようとしていた。上海は既に落ちていた。上海にすぐ続いて宿縣が陥落することは蒋介石が勝利を保証していた中国人の心に重大な影響を及ぼすだけでなく、軍需品を購入しようという政府の信用をなくしてしまいかねなかった。孔祥熙博士はこれらの交渉を苦心してまとめて、直ぐにヨーロッパから帰国してきた。上海失陥はヨーロッパの一部の銀行家たちを神経質にさせていた。だから中国の「勝利」、「日本の大損害」のニュースは彼らを一番元気づけるものだったのだ。狡猾な蒋介石、孔博士その他はこれによってヨーロッパの天使たちの心を繋ぎとめることができたのだった。

日本軍が宿縣に迫り、町の陥落は後二三日という時、蒋介石とその宣伝班の緊急会議が開かれた。宿縣陥落をチャラにする何かだ。何かないか？ あるアイデアが提供された。誰なのか私には分らない。しかしその会議に出席しており、まぎれもなく目立つ人物だ。ある人はそれが蒋介石夫人だと言っている。確かに彼女はそういうことに天賦の才を発揮したことがあるのだ。

びっくりするような何か、衝撃的な何か、ぶんなぐられるような何かが起こり、宿縣陥落が新聞の一面や見出しから外され、中国は打ち負かされてなどおらず、再起して日本と戦い、その足元、いや少なくとも手の届くところまで迫っているという印象が世界中に与えられねばならない。

その何かというのは（他にいいのがあるだろうか？）中国機が日本を襲撃するということだ。総統と蒋介石夫人は日本軍の空襲によって諸都市が席巻され、空襲されたということで世界中を嘆かせていた。

真実はこうである。彼らは軍隊や軍需工場を撤去すれば、空襲や市民の生命損失を防ぐことができたのである。あるいは少なくとも、これらの諸都市の市民の避難を強制しようとはしなかった。しかし日本の空襲は総統の政府にとって願ってもない大宣伝となったのだ。

■中国軍による日本空襲？

報復するのに何かいい方法はないだろうか？　日本への空襲？　しかしこの話は何度も討議されたことだった。重い爆弾を抱えて、日本の警戒をすり抜けることのできる飛行機などない。ロシア人パイロットでも成功しないだろう。アメリカ人ヨーロッパ人でも運があればの話だ。爆弾を抱えた飛行機は低空飛行を余儀なくされるから、発見されるのを覚悟しなければならない。しかし爆弾なしでは？　爆弾なしなら、軽い、軽い。千フィート、千二百フィート、千五百フィート以上雲の上を高く飛べる。それで日本に何を？　もちろん日本国民に向けたパンフレットだ。それは三つの目的を果すだろう。新聞の一面と見出しから宿縣陥落を内側のページに移し、重要でないものにする。世界（特にキリスト教世界）に、無辜の市民が爆弾で死んでいる現状に対して中国の軍閥は充分に情け深いという印象を植え付ける。三番目は日本人に恐怖を与えることだ。

それから一機の飛行機を飛ばすことが決定された。二機でも三機でもない。半ダースでも駄目だ。たった一機だ。そしてその飛行機が帰ってきたとき、世界に宣言するのだ。もし帰還しなかったならば、六機の飛行機が攻撃しに行ったということにするのだ。

同時に日本国民への声明文もひそかに作成されて、タイミングもちょうど宿縣陥落間近と重なっていた。たった一機が日本に向かって飛び立った。空高く雲の上を飛んだ。むろん爆弾がないからだ。不安な面持ちで蒋介石たちはその帰還を待った。その飛行機は日本の警戒を回避して充分高く飛んだ。それは日本本土まで届かなかった。日本の最南端のそのまた先っちょに到達して、一つそびえている山に向かって降下してパンフレットをばら撒き、パイロットは無事に帰還した。

早すぎる帰還ではなかったが、飛行機が着陸した瞬間に、蒋介石の宣伝班は世界に向けてニュースを発信した。しかも効果を上げようと奇抜な金メッキがほどこされていた。六機の爆弾を持った飛行機が日本に深く侵入し、本土に到達、大工業都市である大阪（日本のシカゴ）の上を低く飛び、日本軍と市民を死ぬかと思うほど驚かしたと新聞記者たちは教えられたのだ。しかしこれらの六機の飛行機（実際は一機だが）は爆弾を落とさなかった（一機さえも爆弾は持たない）。落としたのはパンフレットだったが、それには「中国国民」からの「日本国民」への優しい訴えのメッセージが書かれてあった。

宿縣は失陥したが、蒋介石の宣伝班は陥落を打撃に変えて連打した。外国——特にアメリカでは、新聞の黒いインクの見出しが金切り声を上げていた。「中国軍機が日本を空襲云々」。そして宿縣に関しては戦略上の要衝の失陥であるから、蒋介石とその政府の破滅であることを軍事的に封印し、新聞の片隅に閉じ込め、無価値なニュースになってしまった。日本空襲の記事を読んだ人の十分の一もいなかっただろう。
日本人は「中国機に空襲された」ことを、外国の新聞を読むまで知らなかった。四五日経ってから日本の農民が、最南端の寂しい山の麓からパンフレットを回収して憲兵に届けてきた。上海の国際租界では、「空襲」記事が載った号外が有名店のホットケーキみたいに売り出された。それを買った中国人は肩をすくめて、記事を信用しなかった。中国人の間では蒋介石は大嘘つきとして評判を取っていた。だから彼らは蒋介石の宣伝局が報じるプロパガンダにひっかかるにしても、結果として最後の人たちなのだ。しかしアメリカではお互いに見合って、真面目に頷きながら言うのだ。「ざまあ見ろ――日本軍は中国の町を空襲していた。今度は中国の番だぜ」

■ずる賢い宋美齢

しかしである。一日ばかり後だった。極めつけとしか言いようのない大当たりがもたらされたのだ。蒋介石夫人はこれを自ら発表した。告白したのである。お茶の席で、彼女は特派員たちに、自分はキリスト教世界のことを知っている、知ってよかったと告げた。

多くの国の人々はなんだろうと思った。彼女はなぜ日本を空襲した六機が、日本の町に死の雨を降らさないでパンフレットを撒いたのかそのわけを語った。そう、彼女は世界にその理由を語ったのだ。彼女は会議の結果、日本空襲を優先する数名の将軍たちは、勧告だけでなく強硬に日本の都市爆撃を主張したと思われると打ち明けた。彼女はクリスチャンで、そのバイブルを夫はいつも持ち歩いている。夫は立ち上がり、バイブルに手を置いて情感を込めて宣言した。

「こういうことはキリスト教的ではない。我々は世界に中国が人道的であることを示さなければならない。日本の野蛮人と同じことをしてはならない。つまり罪のない女子供の上に死の雨を降らせてはならない」

さて、それは記録されていたのか？　文明社会は立ち上がって驚いた。これは中国が文明化されたと言っているのだ。中国は世界が見せて欲しいものを見せている。ここに町や村を敵によって空から爆撃されているだけでなく、自国の飛行機が敵国を空襲できるときでも、彼らと同じ行為を拒否する侵略された国の国民の統治者がいた。蒋介石夫人に味方する小利口な新聞どもは大きな同情の波を作り、宿縣の敗北と夫の軍の逃走をひた隠しにして、落ち込んだ穴の中から拾い上げ、別口で生涯の信用を与えたのである。軍需品の信用は強化された。孔祥熙博士は私に言った。「中国は世界のシンパシーを獲得したのです」と。

もしこれが本当にそうだったのなら、私は大きな行動を起こして総統に対する絶大なる信頼を最初に表明するだろう。しかし私はそうでないと分っている。プロパガンダと知っているのだ。なぜでっちあげられたかも分っている。どのようにでっちあげられたかも分っている。

私が中国、その恐ろしい戦場、骨と皮ばかりの町や村から帰ってきたとき、私は心に残る別の画像を消し去ることができなかった。金持の政治家と軍閥とそのずる賢い妻、片手で麻薬中毒者を殺害しながら片手で同胞に麻薬を売っている将軍、立派なスピーチをして国民の改善を約束しながら、その軍隊を維持するために貧弱な稼ぎの中から貢物を取り立てて人々を飢え死にさせ、彼の家族と取り巻きは豪華な宮殿に住んでいる一人の軍閥の画像を。

■博愛主義者・陸伯鴻の暗殺

私は彼の軍隊がその国民を屠殺し略奪するところ、上海で陸伯鴻が暗殺されたように、彼が恐れ、妬まれた敵を私刑に処すところを見た。それからその他の混乱の中に秩序を与えようと、自己の財産を提供しようとした沢山の男たちが弾丸やナイフで、自宅や街路で死ぬのを見た。なぜなら彼らは独裁者の意向に従うことを拒否したからだ。自分の命や財産などより、国を思い国民を思っていたからだ。一九三七年七月から一九三八年七月までの間に、三千人を超える中国人が殺されている。彼らはボルシェヴィキと軍閥から中国を救おうとして日本と手を結ぼうとしていた人たちだった。

蒋介石配下の共産主義者が陸伯鴻を暗殺したのは上海の街中であった。彼らは中国のベストフレンドを殺したのだ。自分のことより中国のことを思っている数少ない中国人だった。金持で博愛主義者で、カソリックだった。彼は自分の人生を貧者の世話、病院、養老院、ハンセン病者、精神病院、孤児の施設、食べさせるものがないために苦力の母たちによって、犬の餌として裏通りに捨てられる運命にあった赤ん坊たちのために捧げた。陸伯鴻はこれらすべてを成し遂げていた。殺されるちょっと前に、死んだ場所からさほど遠くない場所に立って、彼は私に中国のこと、蒋介石のような者たちのためにどんなに苦しめられているかを語っていたのだ。彼は自分の仕事が達成される前に、暗殺者の銃弾に倒れるだろうことも知っていた。陸伯鴻は言うなれば、聖者だった。中国のヴィンセント・デ・ポウルだった。

戦争は彼から富を引き剥がした。しかし彼は懇願し、借りて作った基金でチャリティーの仕事を続けた。それから日本人が混乱の中から秩序を回復させ、上海を暗い絶望の淵から引き上げようとしたとき、また中国軍が逃走した後に、群れをなして町に帰ってくる数え切れない人々のために食糧を与えようとして、食糧の手配ができないか乞うてきたとき、陸伯鴻は日本人と協力して、飢えた者たちや病人のための食糧や薬の分配システムを作り上げたのだ。

それからしばらくして、蒋介石の背後につながるラインから陸伯鴻は殺害の標的とされたのだ。人目を憚った殺し屋が彼をつけ狙うようになった。なぜなら彼は共産主義者ではなかったし、殺人や強盗計画に賛成するような人物でなかったからだ。彼が日本赤十字と共に数千人の人々を死から救おうと働き始めた矢先、彼は殺された。他の沢山の人を刺し殺したように、彼らは彼を刺し殺したのだ。かつて、そのとき、そしてずっと蔣介石は表の戦争では負けていても、裏側のテロの世界には君臨し続けているのだ。

上海で、我々は彼らをテロリストと呼んでいた。共産主義者としても知られていた。しかし総統の宣伝局のレポートには、彼らは「愛国者」と記述されている。私は彼らの爆弾を見たことがある。群衆の中に投げ込む手榴弾である。彼らは苦力に変装して何百万という人々の中に入り込むのである。群衆に紛れ込む。マークしていた中国人を群衆内に見つけたら、女や子供、外国人がいようが関係ない。爆弾を投げつけるのである。それが爆発して失敗したとしても、標的の周りの人々が死のうが不具になろうが関係がない。暗殺者は逃亡するだけである。

国際租界の警察は彼らを片付けようとするが絶望的である。鉄のヘルメットの武装警備官を乗せた大きな赤いバンが街路を徘徊する。区画を閉鎖し、群集を調べる。あちこちを探査し、蔣介石の敵を即死させた武器を持つ者は誰かを捜査するのである。日本軍がまもなく彼らを片付ける。日本人はアジア人だからか、見つけるのがうまい。日本人の租界には暗殺者は少ない。しかし国際租界では、古ぼけたもやい船の中の鼠のようにあふれている。いつものことだが、日本人は目途をつけ、追跡すると、国際租界の線まで追い詰める。そこは諸外国の警察と軍の対立の場なのだ。

諸君、アメリカの新聞で、わが海兵隊が国際租界で日本の警察や軍隊をものともせずに立ち退かせていると思わせる見出しをしばしば読んでいるだろう。それは多分、「我が兵」が「ジャップ」に「出て行け」とやったということに誇りのようなものを感じ、わくわくしているのだ。しかしもし本当の事実を知るならば、恥かしさで顔が真っ赤になるだろう。

もし上海という町に、強奪を行う共産主義者の殺し屋が横行し、国際警備官がいつまでも彼らを鎮圧できず、ことによるとアメリカ人かもしれない普通の市民の誰も彼もが夜となく朝となく死に怯えていることをリアルに思い描いてみればいい。また日本軍がめぼしをつけた者が捕えられたにしても、関係のないところに我が兵が介入しているのを知れば、諸君は顔を赤くするだろう。逮捕が差し迫っているのを邪魔し、その殺し屋の逃亡を助けかねないのだ。多分その誇りは誤っている。

第五章
日本のアジアに対する崇高な使命感

■日本は満洲のサンタクロースである

経済的利害関係のために、列強が中国で充分にパワーを発揮できなくなるのではないかと恐れているからでもあるが、我々西洋人とその政府は、間違った同情心や政治的行動によって、中国での戦争と惨害が打ち続くようにしているのである。これには故意にそうしている国もある。中国の大多数を占める本当の人々は、戦争と迫害にうんざりしているが、外国の国々が邪魔をしなければ平和になるのだ。

一部の西洋列強とその国民は、あらゆる方法で日本の邪魔をしている。日本が中国人を牛耳っている軍閥と戦争を始め、この国を保守的なよい政府の下に安定させ、平和をもたらせようとしているからだ。私は多くの中国人と対話した。彼らは率直に私に話した。一番願っているのは、共産主義や軍閥同盟に反対する保守的政府を作り上げることであると。しかしそれができないのは、匪賊の頭目たちが私兵を使って省を領土にして力を誇示しているからだと彼らは屈託なく告白した。

満洲でやったように、唯一つ日本の協力がこれを可能にすると彼らは主張した。彼らは満洲を強調した。今の満洲国である。日本が中国のためになすことができた一例である。もう一つ北支がある。中国南部は全体としては絶望の尺度から言えばまだいい方である。中国南部の安定は大英帝国にかかっている。香港からの影響もある。これは彼らも認めている。赤いロシアはイギリスが香港のゲートを守っている限り、あえて進出はしないだろう。そして彼らは同じ真実が北部にもあるとしばしば言うのだ。日本がたった一国で軍閥を押さえつけ、共産ロシアを排除できているのだ。

満洲とは日本人が出かけて行って貪り食った、罪を犯した国だとごく普通の人たちは信じているだろう。日本がそこに行ったのは確かだ。しかしもし諸君が満洲に行けば――満洲国――日本はサンタクロースの役をこれまで演じていること、満洲人が断然幸福であることを発見するだろう。彼らの古いご主人、ロシアと中国はまあ残酷な親方で、ひどく苦しめられていたのだ。平和と安全、政府とビジネスの安定、鉄道の建設、都市の建設、病院や学校をもたらしたのは日本だった。

日本が来る以前の満洲は、現在と較べれば哀れと言うしかない光景が広がっていた。しかもなお満洲は自分では何もできなかったのだ。今も自分だけの力では自立できていなかっただろう。共産ロシアと軍閥によって破壊されていただろう。日本と出会わなければ、怠惰と衰微の中に陥っていた。さらになお日本が満洲を幸せだと満足できる状態にしているにもかかわらず、我国の政府やその他の国々は満洲を承認しようとしない。いつか未来の歴史家は我々が間違っていることを証明するだろう。歴史はアジアで繰返されているのだ。我々はそれを知ろうと全く努力していない。壁に書かれた文字さえ見ようとしない。

■アメリカは満洲国を承認すべきである

我国や諸外国政府の政策は、特に大英帝国に影響されている。大英帝国は日本が来るまでは東洋の貿易を独占していた。我々は満洲での軍閥のやり方を支持していた。収賄や無法性、殺人や陰謀までも支持していた。そして今も中国で同じことをやっている。もし我々が正しいことを行おうとするならば、我々アメリカ人は新満洲国を承認するべきである。もし承認もしない、励ましもしないのならば、我々は満洲人に以下のように言っているようなものである。

「法も秩序も放り捨てろ。軍閥とその無法者の世界にもどれ。快適なサービスもある立派な列車に乗ろうとするな。電気をやめて蝋燭を使え。病気だからといってなぜ病院に行くのか。祈祷師か魔法使いを呼べ。伝染病が怖いからといって、家族や子供にワクチン接種してもらおうと思うな。大暴力団の構成員の悪漢には貢物を出せ。ぬかるんだ掘っ立て小屋で、奴隷か農奴で暮らせ。日本が満洲国に持ち込んだこれらすべてを排除しろ、文明国住民のように生きようと思うな。日本は進歩していたから、医者、電気、汽車、スチームヒーターといった近代的生活の方法を取り入れさせ、近代建築を建て、社会福祉を進め、貧窮者にありがちな退廃さえも引き受けている。これが真実だ。しかし日本は日本である。日本はアメリカの古い友人であるジョンブルが中国貿易を独占しようというので邪魔されているのだ。満洲人よ、二十世紀に人間として生きることなど忘れろ。ほとんどが食うや食わずだった世界に戻れ。ぬかるんだ掘っ立て小屋とぼろを着て、汚い苦力生活に戻れ。その方がいい」

「しかしあなた方満洲人が我々のように成長し強くなって、ボルシェヴィキロシアに対抗しようとする日本側に味方して、その防波堤や防衛の最前線に立とうとしようと我々はどうといって気にはしない。あるいはこれは大英帝国の考えだが、あなた方東洋人が我々西洋人にいい友人であろうとしようと、それも我々は特に気にしない。しかしあなたたち東洋人が我々に好かれたいならば、なぜすぐ苦力になり、我々文明人に搾取されないのか。それが一番だ。さもなければ我々はあなたたちの友人になる気はない」

アメリカやその他の国の日本に対する態度については、北支の多くの中国人や満州人の間には激しい憤りがあり、それには真実味がある。そして北支や蒋介石支配下、あるいは蒋介石が空想的に支配下に置いていると思っている中国人の間にさえ、アメリカ人、いや外国人というのは中国人が忌み嫌う邪魔者の悪魔なのだ。機会さえあれば、追い払おうと思っているのだ。義和団事件の時がそうだったが、その後も小さな死傷事件は沢山起こっている。中国軍内部では、これは特に生々しい感覚だ。普通の中国兵はすべての「外国の悪魔」に怒りを爆発させ、やっつける機会を待っているのだ。アメリカ人もその中に入る。

■軍閥のポケットに直行する支援金

我が国民に対する憎悪の感情を知って中国から帰ってくると、この国においては中国人へのほとんど感傷というしかない同情心を見出すのは皮肉なことである。もちろんこれはプロパガンダによって育てられてきているもので、一般的には多くの情報源がある。

そしてこの国には母国を支援している中国人がかなり住んでいる。しかしアメリカで生れた彼らの多くは中国に行ったことがなく、その生活もその親の世代のことも知らない。それでいて母国に住む中国人より本当に愛国心が強い。アメリカ生れの中国人が完璧に嘘偽りがなく、我国のアメリカ人のほとんどと同じように、冷酷で野望に満ちた征服者に侵略されていると本当に信じていることは疑えない。彼らがその背後にあるものを見ることができず、何が起こっているかを知ることができないのは悲しいことである。なんなら彼らが救援と軍需品購入のために軍閥に送った巨額の金がどうなり、どう使われたかを追跡してみればいい。

ただの一例二例でいい。このお金が軍閥どものポケットに直行し、預けられたにしても、一銭も救援や軍需品に使われていないことを発見することはなんと恐ろしいショックだろうか。中国空軍に数百万ドルが注ぎ込まれていたのは常識的な事実に属するが、戦争が始まったときほとんどそれらしき片鱗もなかった。これらすべての金はどこに消えたのだ？

中国人は肩をすくめて「しぼりだよ」と笑う。我々の言葉で収賄である。アメリカのチャイナタウンから航空機一機購入のために南京に送られた二万五千ドルのうち、たった五千ドルのみが最終的受領者の下に届いたという話は、上海のバーや北京のカフェで傑作な笑い話となっている。数百万ドル以上を注ぎ込んでも日本軍と戦う飛行機が一機もなかったこと、また新しい空軍が既にできていても、技量を持った中国人パイロットは一人もいなかったことなどはその理由の一つである。軍閥の子弟たちは中国空軍の中で立派な制服を着て、高い地位を与えられている。しかし彼らは飛行術とか面倒なものは習得しようとしない。あるいはもしそうしたにしても、地位の低いメカニックが彼らの飛行機のメカニズムを習得するのであり、彼らはやらない。

■日本機とロシア機の空中戦

蒋介石夫人はアメリカでもどこでも、南京の空軍の指揮を取っているということで輝かしく雑誌のグラビアページを飾った。外国人パイロットを乗り込ませた。しかしそうなったとたんに、夫人は命令を撤回した。大騒ぎのうちに外国人パイロットは去り、ロシア人がやってきた。ロシア空軍は世界の悪魔と思われていた。日本でさえソビエト軍の実力を知らなかった。彼らは輝かしい壮観な長距離飛行を実現しており、その一級の能力を見ようと外国からの観察者が列をなして引きもきらなかった。

このロシア人に迫って行った日本の第一級のパイロットたちには、天皇に殉ずるという理想があった。つまり彼らは恐れず立ち向かった。最初の数分の空中戦で実力が暴露された。これらのロシア人たちは蒋介石側に立って戦っているアメリカ人、イギリス人、フランス人と較べても出来がよくなかった。彼らの飛行機自体は問題はないようであった。しかし操縦者は速くなかった。彼らはドッグファイトができなかった。ひねり、ターン、宙返り、きりもみ降下ができなかった。長距離飛行という点では大丈夫でも、アクロバット的な飛行は得意でなかった。もし諸君が雲の上の戦場に出てみるとするならば、いかにして相手の銃撃を避け、素早くその後ろに着くかを覚えねばならない。ロシア人機がやってくると、日本機は苦もなく撃墜した。

しかしながらソビエトは仕返しに熱心であった。彼らはさらに多くの飛行機、パイロットを送ってきたが、日本軍に手荒い目に遭ったという事実は自国民には伏せていた。他の列強はこれを知り、驚嘆した。一部では、同時に強烈な安心のため息をついた。なぜなら中国人のように、ロシア人を熊だと怖れていたからだ。そしていざ空中戦となったときはどうすればいいのかと神経過敏に思っていたライバルであり、これは自らの空軍が試され、脅かされ、威張られ、自惚れられる前のことであったからだ。

日本にとっても、ソビエトとの空中戦で優勢に戦えたことは疑いなく大きな安心であった。それから半年以内に日本はボルシェヴィキの中国への空の玄関口を取り払ってしまった。とかくするうちに、蔣介石夫人は自分の空軍の指揮権を取り上げられたが抵抗しなかった。ボスでいることに、仕事を失うことに全く栄誉などなかった。またボルシェヴィキは女から指揮されるのを拒絶した。彼女は指揮の失敗を非難されることから避けるためにも、身を引かねばならなかったのだ。

私は中国の戦場にいた。そして上空での日本機とロシア機の戦いを観察していた。私はロシア機が日本の罠を逃れようと不器用に雲の中に入ろうとするのを見た。そしてソ連機が鋭い音で火を放って地上に落ちていくのを見た。三機の日本機と五機のソ連機の空中戦で、八分も続かなかった。激しく短かった。ソ連機が三機撃墜された。残り二機は離脱して逃げようとした。三機の日本機がその後を追った。

日本人は陸上の機械化された武器と飛行機を使ってこの戦争で成功したのは、アメリカの自動車のおかげであると感謝していると私に教えてくれた。東京では、世界で一番のタクシードライバーと商業者が見つかる。多分これらのドライバーの中から世界一の操縦士が生れてくるだろう。中国で日本人は空中戦で有能であることを証明した。第一次大戦から何年もかかって、日本軍は飛行術を学んできたが、テンポがゆっくりだから日本人は下手くそなパイロットばかりだと評判を取っていた。ヨーロッパの国の将官は私に、日本人は決して空を飛べないと言ったことがある。しかし他のすべてのことと同じように取り組んで、日本人は遂に飛行機の科学と技術をマスターしたのだ。中国人は学ぶのも早いが忘れるのも早い。日本人は学ぶのが遅いと思われているかもしれない。しかし彼らは学んだことは決して忘れない。これらのすべてが彼らには新しいものであることは記憶されるべきである。

日本人が世界に出てきて、西洋人のゲームのやり方を学んでせいぜい八十年である。彼らは実に見事にやった。ついでに言っておくが、何とかしてもらいたいものだ。なぜなら彼らはほとんど信用されていない。昔の先生の際限のない敵意を獲得したからだ。この数え切れないプロパガンダと日本への憎しみの背後にあるのは、日本があまりに早く彼らのレッスンを終了してしまったことに腹を立てている国々のジェラシーである。

■張鼓峰事件の真相

モスクワは自らの秘密、空軍の弱点を日本が知ったこと、そしてかつてのように脅しは通じないことも理解している。しかしまだ新聞やラジオで報じられているところの巨大な赤軍が残っている。これには大袈裟に宣伝がされているし、彼らの希望が今も託されているかも分らない。その名前は西安での中国共産党による蒋介石の誘拐の物語で思い出されたのだ。これはロシア共産党のそそのかしだ。私が書いたように、中国が始めるなら協同して日本と戦うという保証をしたからである。ロシアがそのとき約束したことは疑いがない。

しかしスターリンは国内で彼の独裁を脅かす革命が起こったことに仰天しつつ、彼が広く宣伝していた赤軍、その将軍や士官が頼りにならないということを発見した。一夜経過しただけで、約束を維持できないことが分った。もしストップしなければ、その他の第三インターナショナルの世界革命の一貫としてロシアがスペインでやっていることがうまくいかなくなっただろう。スターリン好みの政府を作ったいわゆる人民戦線派がフランコに打ち負かされなければ、彼の国内での力は強化されたであろう。しかしスペインで起こったこととは逆だった。彼の権力意識の中ではこれは力を弱める。そして彼は血の粛清を始めた。軍隊における最良の幹部の命を奪った、沢山の士官たちの命を奪った。それだけでなく何十万という兵隊や農民たちの命が誇張でなく奪われた。彼は冷酷に血を以って、国内革命の芽を摘んだ。だからあえて中国に加担してまで堂々と日本と戦おうとはしなかったのである。

ソ連空軍の弱点をつかんだ日本は、シベリア・満洲国・朝鮮国境にご自慢の赤軍に探りを入れ始めた。満洲国はロシアにとって背後から打撃を受ける位置にあった。そして朝鮮は長いこと防衛軍が直面していた。赤軍の持っている気概がどのようなものか理解される必要があった。何ヶ月もアムール川の堤防をはさんでシャドーボクシングが行われた。しかし張鼓峰の丘において真相が明らかとなった。世界ではこの戦いにおいてロシアが勝ったと言われているし、一般的に信じられている。事実はこの戦いで日本がロシアを叩いて停止させ、積極的な攻勢に出なかったままでである。

ロシアの対応は即座だった。スターリンは体面を取り繕わねばならなかった。そしてモスクワのプロパガンダ機械が国内と世界に向けて、どのように進行しているか、自らに英雄的なスポットライトが当るように嘘を垂れ流し始めた。一方日本は真実大喜びだったのである。赤軍が試されたのだとスターリンは理解し、そして外国、特にドイツとイタリアは赤軍の精鋭が日本の前に登場したとして、その結果を注視していた。赤軍にはプロレタリアートの赤い帝国の名誉そのほか諸々の犠牲を払っても、紛争地の丘は取らねばならないという指令があった。そこから無造作に追われていたものだから、彼らは成果を上げようと賭けに出たのだ。

あてずっぽうだが、赤軍ではどのくらい生命が失われたのだろう。分らない。しかし日本軍は待ち構え、〝白目〟が見えるまで観察していたことは確かである。赤軍はその丘を取り戻せなかった。事実を言えば、彼らは充分には近づかなかった。日本軍はうまくあしらって、近づけば鉄を食らわせてやろうとしていたのだ。「鉄」というのは、「一丁上り」とやれる能力のことである。日本人は中国の非常に脚色されて知られていた大槍会との銃剣戦でその能力を証明していた。しかしロシアはその経験がほとんどなかった。銃剣対決をしてみて、たじろぎ狼狽したのである。私は彼らを見ている。赤軍兵士は背丈では大きい。優に六フィートを超え、大きく骨ばっている。しかし動きが鈍い。頭の回転が悪い農夫で、先祖代々ツァーと独裁者のなすがままになっているかわいそうなやつらだ。敵の日本人には雲を突くような背の高さがありながら、これらのスターリンの兵士たちは日本人に出会うと、ひるみ、断念し、たじろぎ逃げたのである。

スターリンは満洲国＝朝鮮とシベリアの国境上に、日本人と正面対峙していることに思い違いをしているわけではなかった。何ヶ月もかかって彼は精強軍団をそこに集結させ、戦略的位置に頑丈な要塞と弾薬庫を作った。しかし彼にとって不幸なことに、日本人は頭がよかった。ソ連側の防衛線でも攻勢線でも、隙ができるように状況に合わせて自在に移動して見せたのだ。張鼓峰の戦いの結果がもたらしたものは、スターリンとその幕僚には苦々しい幻滅と真の恐怖だった。ロシア人農夫や工場労働者という素材から、スターリンは量においても真に戦える能力ある軍隊を育成することを望んでいた。大量の将軍や士官の処刑は軍隊から頭脳と能力を奪った。これらの人々は自分で考えることはできなかった。粛清には意味があり、日本はそれを理解していたのだ。

■日本人のアジアに対する使命感

私は満洲国軍、それから日本の朝鮮軍も視察した。どちらも冬は刺すように寒く厳しく、夏は目もくらむような暑さの気候のところである。彼らは世界で一番立派な身体を持った戦う人々だった。彼らの生活は厳しいものである。苛烈な気候の下で訓練を受けている。そして十八歳から二十歳の日本の華である。中国にいる日本兵の大部分は三十五歳から四十歳である。若い兵隊は対ロシアのために取っておかれている。なぜならその日はソビエトが中国で干渉を始めるときだからである。日本をそこで絞め殺そうというわけだ。ソ連がずうっと存在する限り、共産主義の不気味な嵐の雲がアジアを恐怖で覆いつくすのだと日本は理解している。ロシアは自分の弱点を知っている日本が恐怖なのだ。攻撃されるかもしれない。いつか。分らない。

しかし諸君は確信することができるだろう。もし大丈夫だと思うなら、ロシアがまず日本が中国で戦っているときに攻撃するだろうと。国内で国家的な頭脳が血の粛清に会い、中国でソ連空軍が日本軍との戦いに負けるといったときは革命が起こるかもしれないときである。シベリアの国境で赤軍がなさけない目に遭うことはスターリンの手を縛り、また右派の保守的反共政権を再建させることであり、日本に中国のめちゃくちゃな混乱を浄化するチャンスを与えることになる。日本はこれに悩まされ、いらいらしていたのだ。これは辛亥革命以来、中国自身がひどく苦しめられてきた古い軍閥体制を一掃することになるのだ。

日本はこれを日本のためだけでなく中国のためにも自らのなすべき仕事だと考えている。またボルシェヴィズムの混乱から中国を救うことは、自分にとって大きな隣の市場を確保することにもつながるのだ。なぜならば日本には中国にもロシアにもない統一があることだ。中国はもう長いこと独り立ちできないことを証明している。中国では共産ロシアが優勢になるか、資本主義の日本が優勢になるかだ。日本はアジアにおける共産主義の防波堤であり、石の壁である。彼らはその責任を引き受け、自覚している。

西洋諸国が東洋でやってきたことを評価できないと日本人は信じている。西洋は中国を搾取した。復興させようとしなかった。彼らは中国人が無知と貧困に生き、その国から富を持ち去ることに満足していた。西洋諸国はアンチジャパンで、彼らの横領や掠奪に日本が干渉していると思っている。皮肉なのはもし日本が負けたら、ソビエトがあらゆる国を中国貿易から閉め出し、共産主義の垂れ幕の下に宝の山を運び入れるだろうという事実を彼らは考慮に入れないでいることである。

第六章
パネー号事件と対米プロパガンダ大作戦

■アメリカ人よ、目覚めよ

北支情勢において日本が優勢である現状について、もし礼儀正しく振舞うことができれば、西洋諸国には東洋においてビジネスをなすチャンスが訪れるだろう。しかし私はあえて言う。政策において日本を悩まし、邪魔し、そして日本の敵（共産主義その他）に便宜を図り続けるならば、日本が主人となる日が来るだろう。そのとき日本は言うのだ。

「どこでも好きなところに行って商売をしなさい。我々が救わなければ、あなたたちは破滅していただろう。しかし今はもうあなたたちは我々が丹精した果物は味わうことはできませんよ」

それはイギリスだったのか、アメリカだったのか、その他の国だったというのか。中国を共産主義の混乱から引きずり出して、軍閥の支配や汚職の連鎖を断ち切った以上、日本が支払った戦争費用に値するものを求めるのは当然過ぎることだろう。であれば、権利として正当な地位が与えられるべきで、勝つと思って蒋介石を援助したイギリスその他の列強は譲歩すべきだろう。我々が言っていたように、彼の政府が欧州列強に軍需物資代わりに約束していたクレジットは、中国とその国民を何世代にもわたって貧乏にするだけなのだ。

日本はもう一方の手で、朝鮮や満洲でやっているように、よりうまく建設に着手するだろう。そこは古きよきアメリカが参加できるところなのだ。

軍閥や共産党を退却させ、中国に展開していった日本軍の背後に、私は鉄道や幹線道路、製造所、工場、戦争で破壊された市や町などの計画を準備している技術者や建設者たちの姿を見た。これらの中国の動向の背後に、私は現代の最も巨大なムーブメントの一つを見たのだ。それは我が西部開拓時代に喩えられるような帝国――満洲の発展である。これを完璧になすために、日本は西洋の工場で生産された農業機械類、鉄道資材など、無数のものを必要としたのだ。一旦しっかりと足場を固めたなら、日本は一部の国から調達するだろう。これはアメリカからでも可能なのだ。

もしアメリカ人が目覚め、外国のプロパガンダの手先になることをやめれば、このビジネスに参加できるのだ。日本を旅行してみて、私はアメリカ人への親切心、我々への最大の賞賛を発見しただけでなかった。同時に多くの日本人から傷つき困惑した驚きをも見出した。敵のプロパガンダに不当にやられているのを我々が許容しており、あまねく日本に敵対しているからだ。これには疑問の余地はなく、分ろうと努力する必要もなかった。

我々が取ってきた態度に日本人はまったく途方に暮れている。彼らはアメリカに心底恩義があると思っているのだ。彼らはそう認識している。青年時代に彼らはアメリカで教育を受け、生活の仕方やビジネスのやり方の多くを取り入れたのだ。あらゆる外国のうち、アメリカほど自分に近しいものはないと彼らは思っている。彼らは我々を好きなのだ。このことに疑いはない。

しかし我々は彼らを好いているのか？　そうできるのか？　日本を理解できるのか？　私はやろうと試みれば、そう望めば、立ち止まって考えれば、ここまで読んできたことを比較して考慮すれば可能だと思っている。もし我々がそうすれば、極東における貿易と商売の機会は大きく開けてくるだろう。それは莫大な利益となる。なぜなら我々やその他の国々の好悪に関係なく、日本はアジアでトップの蓄積という実績を残しているからだ。日本を止めるものはない。不成功という言葉を彼らは知らない。

我々に日本と一緒にやって欲しくないと他の国々が望んでいるのは確かである。彼らは恐れているのだ。もしアメリカがそうすれば、日本がその位置にいて我々に道をつけてくれ、利益を得るビジネスや貿易の最初の後継者となるからだ。これはそれらの国々が取るべきはずのものだからだ。

■パネー号事件の真相

日中間の宣戦布告なき戦争が始まった後まもなく、中国に巨額の財政援助をなそうとヨーロッパ列強が、アメリカに火中の栗を拾おうじゃないかと誘ってきた兆候はごまんとあった。陰険なプロパガンダによって、我々アメリカ人はこの国家の汚い仕事に陥れられているのだ。パネー号事件はその最たるものである。しかし日本は即座に謝罪し、賠償を支払った。しばらくの間パネー号撃沈はロシア、イギリスそして蒋介石にとって大きな希望だった。日本がパネー号を計画的に沈めようとしていたというしばしば繰返された抗議に対する一番確実で簡単な回答は、この惨事が日本の最悪の敵の手の中で起きたということだ。

日本は心からパネー号撃沈について謝った。それからあらゆる方法を取って同じことが起きないよう心がけていた。しかしこの国とその他の外国はその再発への警戒をしようとしなかった。アメリカや彼らは日本と中国が戦っている境界線の鼻先に砲艦を近づけた。我々には危険地帯に留まろうという手に負えない頑固さを持った国民性があり、そうした戦いの中に我々を引きずり込もうという愚劣な者も二三いたのだ。個人的には、もし街中でギャングの戦いに遭遇したとして、そこに突進し誰が銃撃しているのかを見ようとはしないだろう。自分が撃たれるかもしれないからだ。しかし国際的には、我々は危険地帯に押し進んでいく。

私はパネー号事件のようなことが二度と起きないように、あるいはアメリカ人が負傷しないように、日本兵が何の防護もできない迂回路を使って多くの兵隊を犠牲にしたということを知る機会があった。我々その他は情況を悪化させることに固執しているのである。パネー号事件はその大部分が中国の軍閥によって引き起こされたのだ。彼らには退却するときに外国の旗を軍隊や船にかかげる癖がある。

そしてまたこれも一般に知られていないことだが、パネー号はそのとき中国空軍基地に運ぶガソリンを満載したスタンダード社のオイルタンカー二隻を護送していたのだ。現実にはどんな違いもない。スタンダードオイルタンカーはアメリカ船で、もちろん宣戦布告をしていないからには中国の爆撃機にガスを運ぶことには完全な権利がある。しかしながら常識は我々に危険を教える。これによりこの経験から、確かに日本人はこの国との間に干渉やトラブルの危険を冒さないようにし、そして無造作に彼らの敵の手にはまらないように行動したのである。我が政府の知性と常識、そして我が国民の持つ全体として驚嘆すべき理解力は、我々を戦争に突き進むことから救い、アジアが共産主義の地獄にはまり込むことから救うのだ。

■日本はアメリカの最高の貿易相手国である

日本はアメリカと平和を保つためにナーバスになり、気を張り詰め続けている。そしてこの国は最も悪意のある狡猾なプロパガンダに直面しているのだ。一例を言えば、この国では日本製品へのボイコットが始まっている。平均的アメリカ人は日本が安い品物で市場をあふれさせていると印象づけられ、信じるようにされている。実際の問題としては、ワシントンの商務局の統計から以下のことが確証できる。日本はいいお客さんであり、我々が向こうから買うより以上に買ってくれる上得意さんである。我々が中国とやっているビジネスと比較すれば、日本は輸出において最大限のランクにいる。付け加えれば第三位にある。

アメリカでの日本製品ボイコットは我国の産業構造に深刻な影響を与えている。疑いはない。元々これはこの国の共産主義分子たちによってけしかけられたもので、今も続いているのだ。彼らは蒋介石の宣伝屋やある特定国によってこれを奨励されている。私が言っているようにその意図は、アメリカと日本を離反させておくことである。

無意味なボイコット運動が続くことは、「我々の顔に悪さをして鼻を取ってしまう」ことである。現実にはボイコットはブーメランのように、いずれは我々に打撃を与えるのである。そのほかに経済戦争を引き起こしかねない。最初には長いこと我々を喜ばせてきた巨額の対日輸出が損失を受ける。この国の商人、農民、資本家、労働者がやがてそれを感じるだろう。

日本は南アメリカ十二ヶ国の合計とほとんど同じ金額を我々から買っているのだ。一九三七年には日本は二億八千八百三十七万七千ドルの品物を我国から買っている。南アメリカの国々は三億千八百三十八万四千ドルである。世界の強国で、大英帝国とカナダだけが日本より買っている国である。事実を言えば日本は中国、その他のアジアの国、フィリピン、ジャワ、バタヴィア、ボルネオそしてスマトラの合計より品物を買っている。ここ数年を見てみると、我々が日本に一ドルを支払うごとに、彼らは二十ドルアメリカに支払っているのだ。日本は一九三七年では、アメリカから四十一％以上を買っているのだ。この国に売る以上に。

日本製品ボイコットの話を聞くときには、以下の統計を思い起こして欲しい。

一九三六年——日本

合衆国の対日輸出	二億四百十八万六千ドル
合衆国の日本からの輸入	一億七千二百三十九万五千ドル
輸出入合計額	三億七千六百五十八万千ドル
対日輸出超過額	三千百七十九万千ドル

一九三六年――中国

合衆国の対中輸出　四千六百五十三万五千ドル
合衆国の中国からの輸入　七千三百三十五万二千ドル
輸出入合計額　一億千九百八十八万七千ドル
対中輸入超過額　二千六百八十一万七千ドル

一九三七年はもっと啓発的である。

一九三七年――日本

合衆国の対日輸出　二億八千八百三十七万七千ドル
合衆国の日本からの輸入　二億四百二十万千ドル
輸出入合計額　四億九千二百五十七万八千ドル
対日輸出超過額　八千四百十七万六千ドル

一九三七年――中国

合衆国の対中輸出　四千九百六十九万七千ドル
合衆国の中国からの輸入　一億三百六十一万六千ドル

輸出入合計額　一億五千三百三十一万三千ドル
対中輸入超過額　五千三百九十一万九千ドル

アメリカの対日輸出超過額は一九三六年に較べて一九三七年はおおよそ五千二百三十八万五千ドル増加している。百六十四％の増加率である。この期間のアメリカの対中輸入超過額は二千七百二十万二千ドルであり、十％の増加である。

外国貿易は産業の活力であると言うことができる。これは相互の利益に基づいたものである。どんな国だって輸入停止の影響から逃れることはできない。我国の日本からの主要な輸入は十％を超えない程度である。我々は日本から生糸、茶、除虫菊、樟脳、それに雑貨を輸入している。我々は日本以外から生糸を買うことができない。合衆国の生糸産業はアメリカの資本家が投資し、アメリカの労働者が働いているアメリカの産業である。もし我々が生糸を日本から買うことを止めれば、直接自分に打撃を受けるのである。

近年では合衆国は日本から生糸を九千万ドル輸入した。この生糸はここで最終製品になるが、その金額はおおよそ五億八千万ドルである。五億ドル以上のアメリカの資本がこの国でこの産業に投資されている。二十五万人以上のアメリカ人が生糸産業で雇われている。間接的な雇用は、輸送、流通、販売と二十五万人以上の労働者に及ぶ。この国では日本に生糸代として十セントずつ払えば、工業製品となっておおよそ七十セントで売っている勘定になる。本当には利益を得ていない無関係の者たちの影響を受けて、我々が日本の生糸のボイコットをすれば、この国の生糸工場は五億八千万ドルの産業を閉鎖することになる。これはアメリカの極東での総投資額の七分の五に相当するのである。

綿花についても同じく、大変な被害となるのである。なぜなら日本はアメリカから最大量の綿花を買っているのである。原綿はアメリカの農家から一番輸入されている。一九三五年から一九三六年にかけて、綿花全量の二十五％が日本に輸出された。一九三六年から一九三七年になると、輸出額の二十八％となる。合衆国全体の綿花収穫量の十二％は、一億六百三十六万五千ドルとなる。日本市場はアメリカ農民に巨額の資産をもたらしているのである。

我が綿花は国外の市場に大きく頼っている。合衆国の農業における先導的な産業である。一時期、ヨーロッパは大きな綿花市場であった。しかしながら綿織物工業が極東で勃興し、世界の生産地は太平洋を超えて移動した。実質的にアメリカの綿花は極東にすべて送られ、日本の工場で消費された。綿織物輸出における日本の発展は自然に外国綿花の需要を増加させ、アメリカの綿作農民の懐を豊かにさせたのである。日本からの綿花需要の増加は、アメリカの綿織物輸出のあらゆる損失を補って輸出超過となった。南部の農民だけではない、カリフォルニアの綿花栽培者も、もし日本が打撃を受けて我々の綿花を買わなくなれば損害を被ることになるのだ。カリフォルニア州の収穫物の八十％は日本行きの輸出である。日本はいつも我国の木材市場にやってきて徹底的に買う。

外国が我国の中心で力や影響力を発揮して日本製品のボイコットを叫ぶのもいいだろうが、彼らには損失を埋め、赤字を帳消しにしてくれるいかなる救済策があるのだろうか。日本はボイコットされたなら、我々から品物を買うことを止めるのだ。これらの不実な我々の友人たちは我々が貿易で失う機会に乗じようと、鵜の目鷹の目で待っているのだ。我々を日本人もろとも不利な立場に置いたら最後、我々が犠牲にしたビジネスを取り上げるのは疑いない。

私は外国のセールスマンたちから聞いたことがある。日本人の事務所に入っていって、沢山あるアメリカ製のタイプライターに手を置いて、簡明に聞くのだ。「なぜアメリカ製品を買うのですか？　アメリカ人は日本人の友人ではないでしょう。さあここに、ヤンキーのに負けないタイプライターがありますよ……」

貿易で日本は我々の第三番目のお得意さんである。我々が嘘つきの預言者の言うことを信用して、日本とその国民を理解しないと我々は彼らを失うことになるのだ。日本は不器用で何もしないでいるが、我々はそれを分かろうと努力もしていないではないか。

第七章
阿片を蔓延させる日本というプロパガンダ

■阿片を蔓延させているのは中国である

日本を悪しざまに言う顕著な作り話の一つは、外国政府の公文書の中にさえ見出されるようになっている。かつてはジュネーブの会議で作られ、今はランチの席で、都市の講演会で、公的なところ、その他で軽口のように話されている。彼らはもっと知るべきだし、努力すればできるのだ。顕著な作り話の一つというのは、最初は満洲でそれから北支において、麻薬の使用を奨励し、助長しているということである。

私が昔サンフランシスコの新聞社で働いていた時期のことであるが、東洋からアメリカの港、それから我国のチャイナタウンへと向かう暗黒街の麻薬のルート追跡という情報を追っていたことがある。それから近年になってから中国や満洲で、私は麻薬製造やその流通の源に到達して真相を突き止めた。

まず始めに言っておくが、近年誰も中国人が阿片を使うということを教えられてこなかった。彼らの多くがこれに熟達している。多くの麻薬常習者がいるからといって、これはまったく彼らの欠点と言うわけではない。軍閥、つまり軍人で政治家たちがこれに肯定的なのである。それは彼らが正式に承認した歳入で、長いこと続いているのである。二三の軍閥というわけではない。省を支配する将軍たちは実際に麻薬を使い、阿片を吸う。それに熱中しており、習慣になっている。日本がやってきて軍閥を武器で追い払った満洲事変のときに、多くの特派員たちがやってきた。彼らは中国の将軍たちがくつろいで阿片のパイプを吸っている所で、戦いの進展の報告を聞いていると書いている。

蔣介石はかつては阿片の最大の商いをしていたことで特に実績があった一人で、さもなければ常習者だった。そして今度の事変が始まってからでさえも、膨大な量の阿片を隠し持っていると言われている。一九三七年から翌年にかけて、蔣介石が新聞やアメリカ、その他の世界の一部で人気が絶頂にあったとき、哀れな苦力たちの処刑が広く公開されていた。彼やあるいは側近の軍閥の配下の兵隊によるものである。

特に北京では、阿片常習で「逮捕」された苦力たちであった。私は彼らが死ぬところを見たことがある。ひざまずき、死を予感して北京城外の日干し煉瓦の壁の前にいた。兵隊たちが後ろに近づき、彼らの頭をポンと撃った。犠牲者は顔を前に倒れていく。手は後ろに縛られていた。それはいい宣伝だった。本当に外部世界には恐ろしい宣伝である。しかしそれは多くの人々の心に最近になって深く植え付けられ、広められたアイデアであったのだ。「新しい政府」は常習者の命を犠牲にしても、麻薬売買を抑圧する決定をしたというわけである。

中国の陰気な群衆は自分のかわいそうな友人たちの処刑を目撃している。そして処刑は抑止効果があると思わせられた。しかし実際問題としてまもなく、撃ち殺されるのを見て彼らが自分の家に戻ったそのとたん、処刑を命じたまさしくその軍閥や役人の手先どもがちょこまかちょこまか小走りに人々に阿片を売り歩いていたのである。このようにして二三週間もすると、別の一群の「吸引者」たちが駆り集められて、撃たれ、写真に撮られ、死んだことが海外の新聞に出る。彼らの多くが最近の吸引者であることは疑いない。しかし鎮圧を命じ、使用者を死に至らしめたあの役人どもの手先によって、麻薬商売は続きに続いていているのだ。

■日本が作った満洲の麻薬吸引実態統計資料

日本人が入ってくる前の満洲は麻薬中毒者であふれていた。その製造と使用は大きく広がっており、公的に認められていた。しかしその製造と消費について何の記録も統計もなかった。軍閥が追放されてから、日本が新満州帝国の建設を始め、満洲人の血統を持つプリンスが玉座に着いた。日本人が最初にやったことは麻薬売買の記録を正式に作ることであった。覚えていて欲しい。これは満州で全く初めて作られたのである。

そして長い間の使用の結果の、驚愕すべき堕落の実態が完全に明らかにされたのである。平行して、出生、建築、病院、住宅、政府の各役所の記録が作られていった。これは法と秩序、治安と安定を確立させるためであった。日本はこれらの発見を誇りを以って世界に発信した。しかし世界はおおむね学校や病院その他の数とかに目配せもしなかった。国際聯盟のあるジュネーブやアメリカは特にひどかった。日本人は金字塔を立てていたのだ。しかし満洲の麻薬統計資料を読まれて大喜びされ、日本は野蛮人であるかのように噛み付かれた。これらの日本の敵は、世界に向けて彼らの「新発見」を言い立てたのである。それまでは攻撃しようにも何もなく、できなかったからである。

満洲での麻薬中毒とその使用を止めさせるための叩き台を作るというアイデアに基づいて満洲の日本人の骨身を惜しまぬ努力によって集められた統計は、これらの偽造者によって反日の材料に使われたのだ。その一人は現在もジュネーブの国際聯盟の代表の一人である。彼はかつて日本でタイプライターを売っていたが、何か妨害行為をしたかの理由で国外追放になった人物である。

驚愕と痛みもいくらか感じながら、日本は自分たちが作ったリハビリテーションのための仕事が、自分たちに襲い掛かってくるのを発見した。日本人は宣伝が下手である。逆襲する代わりに彼らはすねた。もし西洋世界が自分たちのしていることが理解できなかったのなら、「くたばりやがれ」というものだ。日本人のまさに沈黙は、数百万の新聞読者の目をぎくりとさせるような見出しとなり、彼らの明らかな罪悪の証拠として受け取られた。

■中国は阿片を蔓延させたとして日本を非難

さあ、中国、あるいは蒋介石一派はこれに飛びついた。麻薬まみれになり、実際に麻薬取引をやっているのは自分らなのに、悪臭ふんぷんの悲しげな嘆願を世界に向けて放ち始めた。日本は中国人に阿片を吸い、ヘロイン、コカインを使うようにと勧め、我国の精神とモラルを破壊しようとしているというわけである。中国に住む事情通の外国人には、これは笑い話でしかない。しかし南京政府には、これはいつかはばれると思う罪障からの逃げ道であり、反日のためのいいプロパガンダであり、宣伝なのだ。めったにないチャンスでありペテンだったが、絶好の機会を捉えていた。軍閥が忌み嫌う日本人は、彼らのひどい罪を背負わされて世界から非難されたのだ。

私は故郷の町の署長の話を聞いたことがある。立派なやつだが、見事にこの嘘で欺かれていた。実業者団体に持ち込み、日本人が中国を麻薬患者であふれさせ、沢山の麻薬を持ち込んでいると非難する演説をしたというのである。

ほかのどんな国民と較べても、日本人ほど女性や麻薬の売買を忌み嫌う国民はいない。

しかし日本による満洲の占領後まもなくから、若干のこういった連中、軍に随行する売春業者が入り込んでいた。我国で南北戦争後に南部に入り込んだ一旗者と同じである。こういうごろつきがいたことは日本も認めるだろう。彼らが中国の軍閥が残していった麻薬取引などを始めたのだ。しかし日本の警察と軍は彼らを追跡して捕えた。捕まえたが最後うまくいかないよう処置した。しかしながら若干名であり、その取引の数や量においても、麻薬中毒習慣を中国や満洲で広めているとして、日本の国や政府を責めるほどのものではない。

それにもかかわらず世界中の善男善女は、恐怖に陥り、思考停止になったままに、日本が哀れな国を征服しただけでなく、人々に阿片吸引を押し付けていると言うわけだ。実際の問題として満洲国としての満洲は日本がスポンサーであり、中国やロシアの支配時代よりはるかに素晴らしい改善を示している。以前のご主人様の意のままだった満洲の人々のひどい恐怖を日本が解放しなければ、満洲は再び軍閥に強姦され、匪賊に蹂躙されるのだ。満洲を繁栄させ、平和にし、満足できる国にすること、これは独創的なアイデアであったし、今もそうだ。それは北支が日本との貿易と商行為を歓迎することにつながるだろう。

第八章
中国人と日本人を比較する

■中国人は信用できるのか？

もし我々が極東の情況を、本当は何が起こっているか真摯に研究しようとするならば、特に二つの民族の性格を分析しなければいけない。中国人と日本人であり、彼らを全体として、あるいは国民生活の中に見なければならない。まず始めに注意深く分析をするならば、これは我々のほとんどにショックを与えることになる。最初の頃、我々は中国人が正直な友人で、日本人はそうでないと教わってきた。私はこの神話の始まりの六十年ばかり前に諸君を連れ戻そうと思う。

我々の祖父たちがまだ子供であった頃だが、アメリカの地理の本に、日本人の実業家は帳簿や会計のために中国人を雇うという趣旨のちょっとした記事が出た。なぜなら日本人なのに、彼らはその自国人を信用していないからだと言うのだ。正反対が真実であることは多いものだ。今日においてさえ、日中間に戦争が始まった当初まで、中国人家庭には多くの日本人の出納係がいたものだ。そして多くの場合（昔からそうだが）日本人家庭には中国人の帳簿管理者はほとんどいない。

こんな愚かな話がアメリカの地理の本に出ていて、子供だった祖父たちが読んでいたのだ。これは数世代を通じて受け継がれてきており、たぶん今日は学校の教科書に書かれて常識となっているのだ。

もし諸君が東洋に来て、中国人商人からものを買うとする。同じものに沢山の値段があるのを知る。もし諸君が東洋に住んだことがあるなら、商人が最初に言った金額を出しはしない。その代わりに商人が負けに負けるまで、駆け引きをして値切る、論争するのだ。そうすると、自分が満足できる三分の一か四分の一というような値段でその物が買えることになる。中国での生活は、何百年もの苦々しい闘争の歴史である。お金は民衆の最大の神様となっているのだ。

さて諸君が今度は日本で日本人商人と交渉するとする。商人が決めている最初の売値と、諸君が払いたい金額がぴったり一致するということを直ぐ理解するはずだ。値段を下げさせて負かす必要もない。値段は公正なルールの下で、適切なマージンが決められているのだ。合理的である。

もし諸君が中国でビジネスをしようと思うなら、定評のある署名を添付してもらうことと、なんらかの国際的な場にある、つまり租界の安全な裁判所の管轄下で、これで申し分のないという取引をしなければいけない。さもなければ、平均的中国人相手だと、逃亡にあって、ビジネスはおじゃんになりかねないのだ。自分の側が正しいと主張したって関係ない。法律を持たなければ駄目なのだ。どういう法律か。できれば権力だ。そうすると勝つ可能性がある。

平均的日本人相手であれば、こういう署名はほぼ正反対に不必要である。彼の言葉は折り紙つきの証文なのである。もちろん中国でしばしばあるように、例外はある。しかし一般の日本人の中においては、言葉は誠実で守られている。実際上は国民性となっている。確かにこういうことは中国では言えない。

■清潔な日本人と不潔な中国人

全体としての中国人の個人的な習慣と、日本人のそれを再度取り上げてみよう。大人口である圧倒的多数の中国人は、一年に一度ほどしか風呂に入らない。日本人は、金持も貧乏人も、上流社会も下流社会も、華族も実業家も労働者も兵隊も一日一度、あるいは二度風呂に入る。日本人は几帳面なくらいきれい好きだ。中国人は違う。彼らの住まいからしてそれを証明している。平均的中国人の家は不潔である。平均的日本人の家は清潔である。

控えめに見ても輝いている。中国では、数百万の人々は春が来るまで冬の間服を着替えない。暑い夏が来れば、すぐに綿入れの服を脱いで質に入れ、半分裸で過す。その服は質屋に高く積み上げられるが、厳しい寒さや刺すような冬が到来するまで、洗濯もしないし、蒸して害虫も取るわけでない。冬になると皆が否応なくそれを買いに来る。春になると他人のだろうが質に入れるのだ。

これがこの非衛生的な国民の習慣であり、流行性のチフスやコレラ、その他の伝染病を毎年のように引き起こして、数十万人の人の命を犠牲にしているというわけなのだ。しかもこれは昔からなのだ。中国の子供たちはこうした世界に毎年百万単位で生まれ、死んでいく。あるいは飢え死にする。悲惨な話だが、成長しても男は四十歳、女は三十歳で年老いる。

日本は世界でも最も立派な医者と病院を持った国の一つである。直ぐそこに非衛生的な隣人がいれば、流行病が根絶するまで戦う。自国民はもちろん、彼らの勢力範囲下にやってくる無知な中国人の大衆に対しワクチンを接種し、予防接種をしている。そうした接種は多くの場合、彼らの嫌がるものではあった。

満洲の奉天で日本人は六百人の朝鮮人、満洲人、中国人に対し医者にするための教育をしている。たぶんそれは世界でも最も大きく立派な学校である。怠惰きわまる中国を救おうと、日本人の内科医や外科医を先陣にし、その後ろに医学生の軍団を準備して送り届けようとしているのである。

私は以前、中国の疫病が流行している地域に入って行ったことがある。そこは西洋人がまるで弾丸で撃たれるかのように倒れて死んでいるところだった。そこで私はいつも日本人の病院と医者を見つけることができた。自国民だろうがそうでなかろうが関係なく、彼らは快くワクチンの接種をしてくれた。中国人も同じサービスを受けていた。

日本人に対する盲目的な偏見を持っている西洋の人々や国々は、日本が文明のために極東で、本当はどんなことをしているのか苦心して知ろうとは少しもしない。一部の宣教師はさておいて、これらの国々は中国人や満洲人がコレラやチフスその他の沢山の病気で死んでいこうがいくまいがちっとも気にかけない。東洋では何百年もこれが続いているが、彼らは貿易で金を持ち出すだけなのである。しかしながら日本人は気にかけたのだ。それだけでなく世界のどの国よりもこれらの疫病を制圧したし、あるいは医師や看護婦団、近代医学と衛生設備によるチェックと監視を続けるということをやっているのである。

■中国の少女売買

中国は、子供には地獄だ。子供はもらわれるか、売られるか、女の子なら奴隷にされる。その反対に、日本は子供には天国である。日本では子供を打つことは罪である。中国には、捨てられた子供たちの世話を献身的にする外国の施設がある。さもなければ彼らは暑いか寒いか、飢えで死んでいたのだ。家族が多くて食べさせられないと、子供たちは生れるとすぐに冷酷にも道路わきか、慈善施設のドアの前に置かれるか、川の中に投げ捨てられるのだ。日本では多くの子供たちに未来があるべきだとして、どんな貧しい家庭でも他人のかわいそうな息子や娘でも世話することを拒まないのだ。

私は日本を責める人々に願うことがしばしばである。つまりこの事実を見て知るべきこと、日本と中国で子供たちの命がどうなっているか見るべきこと、そして両者を比較することだ。子供たちに良い国家は、少なくとも世界に向けて充分推奨するに足る国家なのだ。私は中国の町で、街路を老婆に連れられていき、相手が誰だろうと数枚の銅貨と交換にされるかわいそうな少女たちを見たことがある。これらの子供たちは、自分たちを見にやってきた男たちをまじまじと不思議そうに目を見開いて凝視した。そして彼らに手を取られて、口がきけない恐怖にひるんだのを見たのだ。

私は決して忘れないだろう。ある夕暮れ、付添い人に金を払って、大きな腫れ物があるぼろを着た老人が興奮しながら戸口の中に彼女を引っかくように入れたとき十回足らず聞こえた子供の叫び声を。そしてそこで狼のように彼女を乱暴に扱い始めたのだ。一方では、これで生計を立てている老婆が通りに立ったまま、怒りながらつばを吐き、歯のない口でぶつぶつ独り言を言っていたのだ。

そしてこれはいわゆるこの啓発された共和国の、アメリカでその英雄的な才覚を新聞で讃えられる蒋介石の側近が市長をしている、その支配地区での一日の出来事なのである。

■交際上手と交際下手

諸君がかの国であるいは外国で出会う平均的な中国人は、非常に愛想のよいごろつきだ。大体において好ましいし、何かあるという場合、交際上手である。諸君の好意を獲得するのがうまいし、言葉も比較的簡単に覚える。それだから民族的な壁も感じないですむが、諸君がどんなに長く彼といたとしても、彼が何を考えているか分からない。しかし彼が微笑むときには、実は何も意味していないのだと諸君は学ぶようになるのである。

日本人はこれと反対に、交際下手である。よそよそしいし、諸君を理解するまでは、彼は話したがらない。外国人が受ける第一印象はまるで不機嫌で、自分を嫌っているように見える。生まれつき疑り深いので、好いたり信用したりする前に諸君を知らなければならないからだ。しかし諸君は通例、彼に頼るようになる。彼は決して騙さないのだ。平均的アメリカ人のように、日本人は語学を得意としない。日本人のほとんどは平均的アメリカ人のように、外国語の習得が苦手だ。

しかしながら、この日本人の短所は改善されるべきで、東京やその他の都市には多くの英語学校がある。日本人は現在、中国人、ドイツ人、イタリア人、フランス人相手に英語を使っている。アメリカにもイギリスにも住んだことがなく、日本を出たこともない日本人の中に、素晴らしい英語をしゃべるのがいる。しかし確かに多くのケースがあるもので、英語を学び話す日本人の言葉が完全でなく、理解しがたいのも事実だ。

日本人は誇り高い民族である。そして傷つきやすい。その誇りは最下層の労働者でも持っている。中国人も誇りを持っているのかもしれないが、それを見せようとしないし、外国人との関係上からか拒絶しようとする。東洋にいる西洋人はおおっぴらに中国人を罵ってきたし、彼らはにこにこしてそれを受け取っていると私は思っていた。

しかし日本人相手ではそうはいかない。とげとげしい言葉や打撃は日本人には報復の対象だ。彼は仕返しをしてくるだろう。彼は侮辱や名誉毀損に堪えられないから、自分を守るために食ってかかるのだ。これがアジア人相手に威張り散らす癖があるタイプの、東洋在住の西洋人相手に日本人の人気がない理由である。事実、中国人は何世代にもわたって西洋人による虐待を親切と礼儀で切り抜けている。奇妙な話だが、彼らは自分で自分を弱き者、服従すべきものと考えているのだ。

アメリカ人は多くの欠点がありながらも、心では民主主義者であり、接触があったあらゆる国民に民主主義を広めようとしている。アメリカ人が平均的な中国人に屈服したとする。彼がいくら親切で優しく、礼儀正しくても、とたんにこのアメリカ人は弱虫で、気の弱い、地位もない、無価値な人間と受け取られるのだ。有利な立場に立たれるのだ

料金受取人払

本郷局承認

1403

差出有効期間
平成22年12月
15日まで

郵便はがき

1138790

(受取人)

東京都文京区本郷3-3-13
ウィーク お茶の水2階

㈱芙蓉書房出版 行

ご購入書店

(　　　　区市町村)

お求めの動機
1．広告を見て（紙誌名　　　　　　）2．書店で見て
3．書評を見て（紙誌名　　　　　　）4．DMを見て
5．その他

■小社の最新図書目録をご希望ですか？（希望する　　しない）

■小社の今後の出版物についてのご希望をお書き下さい。

愛読者カード

ご購入ありがとうございました。ご意見をお聞かせ下さい。なお、ご記入頂いた個人情報については、小社刊行図書のご案内以外には使用致しません。

◎書名

◎お名前

年齢（　　　歳）
ご職業

◎ご住所　〒

（TEL　　　　　）

◎ご意見、ご感想

★小社図書注文書（このハガキをご利用下さい）

書名	円	冊
書名	円	冊

①書店経由希望 （指定書店名を記入して下さい） 書店　　　店 （　　　区市町村）	②直接送本希望 送料をご負担頂きます お買上金額合計（税込） 2500円まで……290円 5000円まで……340円 5001円以上……無料

■礼儀正しい日本人

日本人は親切には親切で返し、礼儀には礼儀で返す。生来礼儀正しいのだ。生まれながらにこれを持っている。彼には帽子をかぶるように自然なことであり、他人から言われなくても感謝するのである。彼は諸君が理解し好意を持ち、信用する前であっても、諸君を理解し好意を持ち、信用しなければいけないのだ。さもないと遠慮の壁がいつまでも続くことになる。もちろん日本人が諸君の国に住み、そこの言葉をしゃべるのであれば、諸君の親切は理解されるし、二人の疎隔感はより簡単に埋められる。そして二人とも比較的早く理解し合えるだろう。

この国と外国での私の観察によれば、日本人はアメリカ人と、双方が知っているどの国とよりもうまくやっていける。双方が得意としている共通のきずながある。双方ともてきぱきしていて、双方とも積極的で、怠惰が我慢できない、双方ともに世界で一番の風呂好きである。まずはどちらもきれい好きというきずながあるではないか。日本人はアメリカ的方式を好んでいる。東京は超モダンなアメリカ的な都市であり、アメリカ人はすぐに自宅にいるように思うのだ。

中国人は我々の近代文明を軽蔑している。しかしながらかつては偉大だった彼ら自身の文明は、ぼろぼろにくずれて悲惨と絶望の中にある。日本人はその文明を賞賛し、それを取り入れた。そして今も彼らの文化と伝統の中に保有し維持している。この二つの文明の間にバランスを保つのは、今も日本の戦いなのだ。古代的日本の生活からは我々が多く取り入れることができ、利益を得られるものがある。我々が日本を世界に引き出そうとしたとき、我々がそうだったように、日本人は決して原始的なところが多いというわけではない。彼らには古くからの天皇がおり、政府があり、社会生活、個人生活があった。それには今でも生き生きと保たれている芸術、演劇、音楽、絵画が付随していた。彼らには誇り高き決まりがある。それは我々が彼らを知る以前には見出せなかった立派で高貴な決まりである。

中国もかつては持っていたが、衰退するにまかせた。中国の「搾取」は国民の生活全体に及び、政府とビジネスに損害を与えている。中国は大洋を越えていく航路を持たない。一つだけあった。合衆国政府はそれをやめさせた。船倉に隠して麻薬の密輸入をしていたからだ。麻薬は運ぶ乗客よりも多かった。日本は世界を廻る立派な航路を持っている。日本郵船会社である。大洋を越えて快適な乗客サービス、速い貨物サービスを世界中の国々に届けている。

中国は平和的な哲学者や学者がいる国だと世界中から思われている。しかしながら事実を言えば、日本がやってくる以前から中国の主なビジネスは戦争だった。中国はかつても今も世界でトップクラスの陸軍国である。中国の大多数の人々が平和を希望していることは疑いない。しかし政治家や軍閥がそうさせないのだ。日本はこれらの政治家や軍閥と戦っているのであって、国民相手ではない。これは我々アメリカや他の国々がよく心に留めておくべきことである。

第九章
チャイナタウンの暗殺団と中国の軍閥

■恐ろしいチャイナタウンの暗殺団

日本人のアメリカへの移民は、我々によって少なからず困難に直面している。事実、カリフォルニア州では彼らに対する敵意が発生した。なぜなら彼らは農場で一生懸命骨を折って長時間働くからだ。それによって労働競争が始まったのだ。何年か前の話だ。

それまではカリフォルニア州の社会全般で、中国人が何十年も一般的にこっぴどくけなされていた。一八五〇年代から六〇年代にかけてのゴールドラッシュの時代である。彼らは鉱山労働者としてやってきた。働きすぎるとか労働競争が起きたとかいうことではなかったが、白人労働者の怒りを招いたのだ。日本人のように一生懸命骨を折って長時間働くからではない。闘争する堂《トン》（秘密結社――訳者注）、殺し合いをする堂、麻薬を扱う堂があったためだ。

新聞記者として二十年間、私はカリフォルニアのチャイナタウンの中国人と関係して、彼らをよく知るようになった。彼らの堂の闘争を扱ったし、暗殺団による殺人事件も追った。それから奴隷少女の密売、麻薬取引も取材した。その当時はほとんど信じられなかった。その後、東洋中を旅行したり、住んだりするうちに理解するようになった。これらの秘密結社事件は彼らの本国の国民生活そのものの反映でしかなかったのだと。

サンフランシスコやその他の町のチャイナタウンの混雑した交差点や狭い裏通り、暗い隠れ家や地下室など、私は中国人が潜んでいるところを記事の種を探しながら歩き回った。新聞記者の時代でそんな昔ではないが、それは中国の狭い混雑した通りや、これらの移民たちが生活していた農民たちの掘っ立て小屋の反映でしかなかったのだ。

ここ二三年のことだが、アメリカという全く違う環境で生れた新しい中国人世代の誕生は、チャンスを与えられれば母国においてでも、全体として民族を改善するだろうという証明である。これらのアメリカ生れの若い中国人は、農夫だった彼らの父親たちとは一夜にして違っている。

中国に戻れば、彼らアメリカ生れの中国人は、我々以上に中国の人々が馴れてしまっている生活や政府に耐えられないだろう。彼らは環境からして全く違ってしまっているのだ。ちょうど日本人が近代的で衛生的な生活の仕方を提供することで、朝鮮人や満洲人を変えているのと同じである。

しかしながら日中間の戦争が始まってから、彼らは母国が日本の野心と悪意によって侵略されていると信じるようにリードされている。彼らは哀れなことに軍閥のための寄金に金を搾り取られているのである。自分たちのお金がどういうふうに使われているのか少しも想像できないのである。

■暗殺団の実態

彼らの母国の政府と中国の人々が携わっているビジネスの状態について、アメリカのチャイナタウンの堂ほどよい例は与えられないだろう。我国の警察はゆっくりと確実に叩き潰していったのだ。彼らが扱う麻薬や女、それから無辜の中国人の意図に反して強要される、死の恐怖をともなった貢物などの取引である。

ほんの二三年前、これらの堂は商売が花盛りであったのだ。馬を買うように少女を売買していた。莫大な量の阿片を持ち込み、麻薬取引をめぐって互いに宣戦布告する。ライバルの堂のメンバーを殺して罪にも問われない。何と我々アメリカ人は忘れっぽいのだろう。どうしてこれらの堂の今日のこと、彼らの内部抗争や業務内容がほとんど知られないのだろう。彼らは今も生きている。しかし表面上は平和的な団体でありクラブである。名前は同じだが、法によって暗殺団の拳銃が沈黙させられているだけなのである。

「ビン・コン」、「スェイ・シン」、「ヒップ・シン」、「ホップ・シン」、「セン・スェイ・イン」、「ヘップ・センン」、その他多くの団体があって、ニューヨークとサンフランシスコに本部があり、国のあちこちに支部が散らかるようにある。堂というのは多くがイメージするように血の繋がりがあるわけではない。しかし普通の商業者やビジネスマンが殺害や強盗の被害に遭わないことを保証した団体なのである。何十年も前からだが、もし中国人のビジネスマンがなんらかの堂に所属していないと、彼は暗殺団のあからさまな餌食にされるのである。自分を守り、防護するためにも彼は堂に加入する。会費を払えば、その堂の暗殺団が、彼の邪魔をする敵対派の堂の派遣する手斧団から守り、何かあった場合の彼の復讐者であるかのように行動する。

暗殺団は雇われたガンマンたちである。普段はなにもせず、緊急時に召集される私兵団のメンバー、あるいは堂の「殺し屋」のスタッフとして暮らしている。年中いつでもこいである。暗殺団 **highbinder** は、堂の殺し屋が銃を使うようになったときに暗黒街の警察によって彼らに付けられたアメリカンネームである。かなり以前のことだが、彼らは堂の抗争の殺しに手斧を使っていたので、警察は相手側の堂の不幸な犠牲者の身の毛もよだつ沢山の死体を発見したものだ。静かな夜に忍び寄られ、額から顎まで断ち割られて発見されるのだ。

それぞれの堂には絶大な支配権を持った親分がいて、殺し屋のギャングを従えている。

ちょうど日本人がやってくる前までの中国の軍閥に似ている。彼らは私兵を使って省の哀れな民衆を支配していたのだ。商業者やビジネスマンは堂のメンバーに支払う会費のランクとファイルを作っていた。親分と暗殺団はこれをしのぎにしていたのである。

■奴隷少女の売買ビジネス

堂は奴隷少女の売買ビジネスに参入している。回数は数え切れない。アメリカ生れの中国人が一人中国に派遣される、まだ子供の花嫁を買う、アメリカ領事の前で結婚する、彼女をサンフランシスコかロサンゼルスのチャイナタウンにある家に連れて帰る、そこで彼女を堂に引渡す、彼女は「亀女(タートルウーマン)」に預けられ、娼家に連れて行かれるのだ。この名称は盛り場の管理人という意味である。中国でこの少女に払われた代金は、金貨十ドルか十五ドルだろう。しかし彼女が連れてこられたここでは、三千ドルから四千ドルになる。時たま、堂の全員あるいはメンバー六名ほどが、暗殺団の費用をかけてまで中国に行くことがある。奴隷のストックを確保しておくためである。

売られた少女は英語を覚えることは決してなく、いつもうまく隠されている。その悲惨と絶望の暗がりの中で暮らし、死んでいくのだ。痩せて病気になると、彼女はサクラメント川の中にある田んぼの中の売春宿に「都落ち」して送られる。そうだ、ここで彼女は最終的に死ぬ。実年齢より早く年老い、身体はぼろぼろになるのだ。

多くの堂が奴隷少女の商売をめぐって抗争に走った。そしてその戦いに巻き込まれて、無関係な人たち二十名から三十名に死者がでた。不満たらたらの堂は、自分を怒らせた敵方の堂のメンバーを殺すことをためらわない。不快なやつの属する堂のメンバーなら誰でもよい、単に殺すのだ。このようにして堂の抗争は始まり、その構成員たちは隠れ家に潜むのだ。

サンフランシスコ警察の歴史は特に、時として何ヶ月も続く堂の抗争、数え切れない殺人事件で血まみれになっている。そしてこれはチャイナタウンを隔離し、彼らを力で押さえつけるまで続くのだ。アメリカ中のチャイナタウンは二三年前までに、麻薬取引のメッカと化している。これらの堂の抗争はアメリカの都市のギャング抗争に先んじている。彼らの作戦はいつも同じだった。事実、いくつか疑問がある。禁酒法の時代、白人のギャングの殺し屋は中国人からそのやり方をなぜ学ばなかったのかということだ。

中国人の暗殺団は沈黙のうちに殺し、すばやく去る。これはその後のギャングが学んだやり方だ。彼らは獲物を伏せて待つ。それから彼を家の入口で呼び止め、撃ち倒すのだ。彼らはおおっぴらに銃撃戦をするようなことはかつてなかった。年齢も、問題を起こした相手かどうかも関係ない。唯一つ、彼らが戦っている堂に所属しているかどうかが問題なのだ。

私は投獄される前や後の暗殺団員を沢山知っていた。そして警察や宣教師に救われた後の堂の奴隷少女たちとも話したことがある。そしてその双方から私はその物語を聞いているのである。この種のことに対して彼らは平気であり無頓着だった。それは古い中国だということが証明されたに過ぎなかった。

それから何年も経った後、なんということだろうか。私は中国において再び堂の世界を垣間見ることになったのだ。ただ違っていたのは名前と、そのスケールの桁が違い、大規模に展開されていたということである。

日本人はアメリカで中国人のようにひどくは振舞わない。しかしながら中国人の犯罪はアメリカ人に忘れられて、可愛い人と甘やかされているのである。我々アメリカ人はいつも子供を甘やかして駄目にする。中国は我々が関わる限り、駄目な子供だ。中国はその生地でも外国でも本当に態度が悪い。しかし我々は彼らを許しているのである。私は不思議でならないのだ。中国はこれを認識しているのだろうか？

第十章
反日を煽る偽写真

■上海の廃墟に泣き叫ぶ赤ん坊

カメラはアメリカにおける中国のプロパガンダの中で、日本への反感と中国への軍閥への同情を引き起こすのに掛け値のない役割を演ずるものである。これらの中国の宣伝屋たちによって、今までかつてなかったほど沢山の贋物写真がアメリカの新聞雑誌にこっそりと挿入されている。彼らは次々と人々に恐怖を起こさせようと、実にタイミングよくリリースしていったのだ。

代表作の一つは、上海の中心の爆撃で破壊された通りの廃墟に泣き叫ぶ赤ん坊のポーズの写真だ。これはニュースを操った。そしてこれは合衆国では最近でも毎日のようにプリントされている。写真は破壊されたビルディングを写している。そしてぼろを着たちっちやな赤ん坊が目をこすり、口を開けて泣き叫んでいるのがはっきりと分かる。

この写真には、アメリカの公衆に決して分からない二つのアングルがある。最初の場所では赤ん坊は中国人によって爆撃された通りでポーズしていた。南京の飛行機がキャセイホテルやパレスホテルに破裂弾を落としていたときである。外国に武力干渉させようと試みたと多くの人にみなされる場所である。粉々に爆破されて何百人も死んだ。中国の爆撃は自国民の中になされたのである。しかし煙が晴れ、残骸が撤去されたとき、この子供は通りに持ち込まれ、カメラの照準が合わされたのだ。しかしながら一つのカメラは子供のそばの中国人を捉えている。これは合衆国では使われていないが、日本に行ったものにはある。しかし世界中に配付されているから、贋物だと論破するにはもう遅い。

何百万のアメリカ人がまさに赤ん坊が泣き叫んでいる、爆撃で破壊された通りのさまを見た。「無法行為」をしでかした「非人間的な日本人」への反感から、義憤が立ち上がってきたのだ。このような写真が沢山ある。そしてこれらの写真は日本の敵には大変な名声を博しているのである。

■銃剣で処刑される中国兵

まだ他にもアメリカ人を反日に向けて興奮させる写真はある。そしてそれはこの国の公衆を騙すための見え透いた嘘なのである。しかしそれは激しい嫌悪の感情を引き出そうとばかりに、呼び鈴を鳴らしていたのだ。私はそれを詳細に記述してみようと思う。そして私も諸君や何百万の他の人と同じく、これでショックを受け、ぞっとしたことは請け負う。それは二人の男の写真であり、どちらも兵隊である。一人は銃剣を相手の胸に構えている。彼は縛られ、目隠しをされ、杭に縛り付けられ、自由な男の鉄の一突きの前に絶望的な状態だ。写真の下のキャプションには、日本兵が中国兵捕虜を銃剣で刺す練習をしているとなっている。別の言葉で言えば、日本兵は銃剣の練習に人間を標的に使っているというわけだ。

諸君は最初の一瞥で打ち倒されただろう。諸君は嫌悪と恐怖で当然の反応であり、そういうことができる人々への嫌悪と非人間的行動への恐怖である。もし人間がこういうことをすれば、論外としかみなされないだろう。

ところでこの写真と込みになっているちょっとしたジョークがあるのだ。二人とも日本人ではないというのである。銃剣を持つ兵隊も違う。どちらも中国人なのである。ポーズを取らせた写真でもない。他の沢山の写真と同じように、プロパガンダの目的のための偽写真なのである。

これは写真であり、本当の写真である。少しばかり前だが、蒋介石の兵隊の一人が自分と同じ民族の血を持った兵士を処刑しているところなのである。キャセイホテル事件と同じで、その残酷性はまさに洗練されている。この仕事に取り掛かろうとしている処刑者は中国南京政府の兵士の制服を着ているのであって、それ以外の何物でもない。大体中国軍や日本軍と一緒にいたことがあれば、その制服をよく知っているわけで、直ぐに一瞥で分かるというものだ。しかしアメリカ人で中国兵や日本兵を見たという人が、さてどのくらいいるのだろうか？

定評のあるニュースサービスがこうした偽宣伝写真の無意識の犠牲者を生み出す。その光景は何百万の人々を反日にし、憎悪とまでは行かなくても、心の奥深くに鬱積した憤りの炎を燃やし続けるのだ。そしてもちろん、写真についたキャプションや描写には真実などはない。これは全くの処刑であり、何といおうと恐ろしい方法での処刑である。しかし日本人による処刑ではない。

日本政府はすぐにこれを否定した。しかしこれらのプロパガンダをいくら否定しても遅い。既にそれは元々の写真がどうであろうと、時空に傑出した何ものかとして受け取られているのである。千人がその写真を見た、一人が否定した、しかし信用されない。実に賢いプロパガンダトリックの一つなのである。蒋介石に雇われているのだが、防禦しようとしても無理で、莫大な害をなしているのである。

中国での戦争では、心臓が引き裂かれるようなシーンが沢山現出した。あらゆる戦争によって無辜の民が被害を受ける。あらゆる人々の心はあらゆる国において、これらの戦争の犠牲者に手向けられる。しかし多くの人の悲惨が政治的目的のために不当に利用され、事実という何の根拠もない写真によって濡れ衣を着せられ、我々の同情をゆすぶるのに使用されるのなら、止めろと言うべきなのだ。

■お人よしのアメリカ人

我々アメリカ人は第一次世界大戦で、真実と程遠い多くのものによって弄ばれたのだ。戦争が終った後、我々は振り返って驚いた。奴らにどうして騙されたんだ。しかし彼らは我々の協力を求めようとずる賢く準備し、同情を求めて煽動したのだ。そしてまた同時に書かれていない真実は無視したのだ。ドイツ兵の銃剣の先でもがき苦しんでいるベルギーの赤ん坊。そんな話をどうして我々は鵜呑みにしたのだ。

そう、中国から諸君の下に届いているのは生のままの材料のようだが、その背後には我々を興奮させ、我々の友情を求めている国への嫌悪を引き起こさせようという思想が存在している。国際問題に関して我々が感傷的になろうとするときはいつでも、立ち止まって物語や写真の背後にあるものを観察した方がよい。たとえどんな人々への義憤を駆りたたせるものであろうとも。

我々アメリカ人は単純バカと思われている――国内では利口でも、国外に出ると間抜け者というわけだ。いつでもどこでも、友達と称している連中に我々を笑いものにさせておくな。そしてもしアジアやヨーロッパの国々にみんな自分のトラブルは自分で解決しろと我々が言うとするならば、何とそれは素晴らしい考えであろうか。我々はじっとしていればそれで充分なのである。

第十一章
ソ連の中国侵略を阻止しようと戦う日本

中国に対するソビエトの政治的計画は、アジアのすべてをボルシェヴィキのものにする計画と連結しているのである。この国の百五十万平方マイルばかりを油断なく横領しようというのはほんのその一つに過ぎない。しかしながらこのことについて、《世界法廷》では何も言われたことがないのだ。ソビエトは帝国主義的、そして拡張主義的野心などはないと外部に対しては撥ねつけた。しかし同時に中国を少しずつ齧るのに忙しいのである。モスクワは中国と反日同盟を結んだが、そうしながらまさしく中国の心臓部を食い破ろうとしているのである。外モンゴルと新疆省（現新疆ウイグル自治区——訳者注）は熊にむさぼり食われた。その流儀と来たら、他の国の「領土獲得」など、子供の遊びのようなものだ。そして中国自身はこのことについて何も言えず、その余裕さえないのである。

ロシアの中国侵食は、ロシアが外モンゴルを支配したツァーの時代に始まっている。その後ボルシェヴィキはこういう考え方は何と言っても好きではないから、盗んだものを返そうとジェスチャーだけはした。しかしすぐに彼らは外モンゴルを影響下に置いただけでなく、うまいこと新疆省もむさぼり始めたのだ。外モンゴルは百万平方マイルあり、新疆省は五十万平方マイルばかりある。二つを一かたまりにすれば、合衆国の半分になるのである。この二つは満洲と国境を接している。金や鉱物が豊富である。素晴らしいご馳走ではないか。

かつての清帝国時代、中国はこの二つの領土をロシアに対する堡塁としていた。現在それは現実としてソビエトのものになっている。モスクワはアジテーションプロパガンダを通し、秘密警察を使って、ひそかに聖職者や貴族たちの粛清、古い制度の解体という恐怖時代を現出したのだ。外国貿易は対ロシア以外は禁止された。鉱山や森林はもちろん、産業さえも国営化され、モンゴル軍もスターリンの将校たちの統制下におかれた。ペテンは完成したのだ。国際聯盟は他のことに関しては強く非難する時間は山ほどあるのに、これについてはこれまで垣間見ることさえしないのだ。道徳的なふりをするだけで、ロシアは現代史の中で最大の横領、持ち逃げ国家である。

世界の傀儡国家という話をするならば、ソビエトが支配した中国の領土に目を向けるべきである。そこではモンゴル人の役人がモスクワに操られて踊っているのである。もしソビエトが多くの人が信じているより充分長く存続し続けるなら、おいでおいでと手を振られた新疆省がソビエトロシアに併合される日は近いだろう。金鉱床ビジネスに目を向ければ、ボルシェヴィキはこれらの膨大な所有権をすべてモスクワに手渡すように傀儡役人に調印を強制するのだ。その地域に住む人々は何も言うことはできない。もし反対したら死ぬだけだ。ボルシェヴィキが敵に対して賞罰を行うやり方で、抗議した多くの人が実際に死んでいる。

ソビエトロシアが外モンゴルや新疆省でしていること、そして中国本土でやろうとしていること、これを止められるのは日本だけなのである。いわゆる同盟国である他の世界の国々、その中でもイギリスはこのロシアの侵略に対して好ましく思っているわけではない。しかし公には何も言わない。ヨーロッパの諸問題であまりにせわしくて、モスクワをあからさまに怒らせたくないのである。しかしながらこのことの皮肉な一面であるのだが、中国から膨大な部分を分捕ったことでロシアに対する抗議は一つもないが、日本は軍閥＝匪賊の首領の手から満洲を引き剥がし、幸せな国づくりをし、中国に足を踏み入れてそのソビエト化を阻止しようとしたということで容赦なく非難されているわけである。

ロシアは外モンゴルと新疆省でしたことを中国でもやろうと行動中であるが、その方法はあからさまな陸軍の行動による侵略ではなくて宣伝員とテロ団を使うことだ。自分に都合が悪ければ、最初に中央政府の支配権を握ってそれからソビエト寄りに変えるのである。

併合は結果的についてくる。それはロシアにアジアの支配を自由にさせることになり、外部の世界とアジアの貿易を閉鎖し、中国と同じように日本の国民生活を破壊することなのである。

ロシアの脅しが聞こえている。いままさに行動に移ろうとしている。日本は今にも世界のパワーになろうとしているソビエトを阻止しようと一人で戦っている。ソ連のいずれたどるだろう没落の道を用意し、また中国を引き受け、死なないようにこん睡状態から揺り動かそうとしているのだ。

第十二章
宣教師の善意を利用して日本軍の悪を宣伝する

■利用される宣教師

没落し行く蔣介石政府は絶望したあげく、アメリカ人が結果として干渉してくることを期待して、まず同情を、それから援助を獲得しようとして宣教師たちにすがり寄った。彼らは既にプロテスタント派のかなりの部分の同情を獲得していた。今はカソリックに接近を試みようとしている。カソリックは全体として、どちらの側にも立たず一歩下がっている。戦争が始まる前、カソリックは南京軍閥政府から布教を奨励されたことはほとんどなかった。そして今、ロシアのボルシェヴィキの影響から中国を分離させようと日本が猛烈に迫ってきたために、以前の南京支配者はそれまで伝道上において大なり小なり横道にそれていたカソリックに、耳さわりのよいあらゆる約束をしたのである。

同業のプロテスタントのように、カソリックの中にも蒋介石の約束に騙される者がいた。もし蒋介石が日本に勝ったなら、ボルシェヴィキの仕事をはかどらせることになること、彼らの教会の信仰は共産主義とは妥協の余地が絶対ありえないということを見逃していたのだ。そうした一部の伝道師たちは、中国の特にこの場所といったところに長く住み、中国政府の水平線上に浮かぶ赤い色合いをつぶさに観察できる位置にいた人たちであった。

蒋介石一派は彼らに接近し、そしてプロテスタントの宣教師と同じように、日本軍のアトロシティー（残虐行為）と申し立てられている野蛮な話で宣教師の耳を一杯にして、彼らに合衆国の彼らの友人宛に精神的な苦しみの手紙を書かせたのだ。

中国南部の宣教師たちの一部はこれに影響された。疑いなく、上海の数名は友人に手紙を書いている。すべて誠意である。しかし彼らが蒋の影響下に屈服したとき、多かれ少なかれ、厳しく中立であろうとする彼らの至高のものへの願望に反したことになったのである。

中国そして極東を旅行していたとき、日中戦争の前でも最中でも、私は幾つもの宗派の沢山の宣教師たちとコンタクトを取った。そして私は特にカソリックの間に、日本が中国でしていることの正当化について、意見が鋭く分裂していることを発見したのである。多数派は日本を弁護する。その他は中国を弁護する。日本、朝鮮、満洲国のカソリックの宣教師たちは、日本がボルシェヴィズムからアジアを救おうとしているのだと率直に述べる。

北京、北支の内陸部でもこれと同じである。しかし上海では傷つき死にかけ、飢えた者のために英雄的に働いている宣教師たちがいたが、戦争の恐怖を目の当たりにしているためか、日本に反対し、中国の肩を持つ若干の熱心な者たちがいた。

蒋介石の取り巻きは、一部プロテスタント宣教師に対すると同様に、彼らにすかさず飛びつき、「母国」に手紙を書いて、日本を激しく非難するようしきりに促したのである。これらの手紙は中国の軍閥に強力なプロパガンダとして利用され、そのいくつかはアメリカの新聞や雑誌に載り、いつもの事ながら多くの匿名読者の目に触れたのだった。総統や彼ら軍閥がアメリカへのプロパガンダ目的のために宣教師に擦り寄ってくるかなり以前に、宣教師たちの多くはアメリカ人の間に中国への深いきずなと同情をごく自然に作り上げていたのだった。

宣教師がやろうとしたのは、アメリカ人からの寄付であった。結果的に彼らは中国で起きている光景に対し、故国の人々を中国側に立たせ、より友好的にすることに成功したわけである。彼らは軍閥の支配体制、泥棒性、いかさま性、不信性、道徳的堕落、野蛮性、ふしだら、賄賂といったことには言及しない。これらは役人にも大衆にも共通する中国人の日常生活である。彼らは「素晴らしい」ところ、哀れを誘うところ、同情を喚起するところしか言わないのだ。中国人は善意で貧しくて、西洋世界とキリスト教が彼らに与えられるものを評価し、あこがれていると。

■中国兵に虐殺される宣教師たち

過去二三年で二百五十人もの宣教師が中国兵や匪賊に誘拐されて身代金を要求されたり、殺されたりしている。これに対して戦争が始まってから日本人に殺されたのは十人か十二人である。これらの事件が起きたとき、中国人に責任がある場合は知れ渡らないように目立たないように伏せられた。しかし宣教師が日本兵に殺された場合は、絶対数でははるかに少ないのに凶悪事件として世界に告知されたのだった。

宣教師たちは中国の「目立つ場所」にいると言われなければならない。そこは中国兵と匪賊、共産主義者に取り囲まれているところであり、日本側に立って言えば、いかなる事情があっても彼らの死を意味するところと言われなければならない。彼らの名誉のために言えば、宣教師たちは概して中国人に大きな愛を抱いている。彼らのために立派な仕事をしてきた。彼らは自分たちの多くが「米を食うクリスチャンであって、米がなければクリスチャンでない」との認識に論駁してきた。彼らは目に見えても報われない仕事ばかりに人生を費やしてきた。中国はとても返しきれないほどの多くを彼らに負うているのだ。日本は少なくとも宣教師たちによってなされた良いことを理解しているし、戦争で破壊された布教施設の再建のためにお金も寄付している。

私は中国で多くの宣教師たちと話したが、蒋介石を支持する少数派でさえも、ボルシェヴィズムの侵入の危険性を認めていた。しかし多数派の仲間と同じように、チャンスをつかもうと思っていても、群衆の中に変装してうろつき、総統やその配下の軍閥に反対する誰彼を打ち倒そうとしている中国人テロリストによる憎しみや復讐の危険を引き受けようとまでは望んでいないということだ。幾人かは率直に手を縛られているんだと私に話してくれた。もし彼らが日本に好意を持てば、陸伯鴻のように殺されるのだ。あの上海で殺された偉大なカソリックの博愛主義者だ。

■南京の宣教師の打ち明け話

私は戦争が始まる前の冬、南京にいた。カソリックの宣教師の家に滞在していたことを思い出す。聖人のような男で、中国人に誠意を尽くそうと辛苦と窮乏の生活をしていた。それは古い家だった。燃料もなかった。なぜならそれは高いし、それに彼は食事を作るために仕える中国人少年と暮らしているだけだったのだ。家の中はとても寒く、我々はオーバーコートを着たまま食事をし、着たままで私は寝た。

この司祭は着の身着のままの苦力や、彼を認めようともせず、学校を経営する特典を許さなかった蒋介石の役人に対してさえ深い愛を抱いていた。もっとも別の宗派は市内にカレッジを経営していた。夜に、彼は蒋介石の役人たちに語学を教えることを許されていた。それだけだった。彼は忍耐と祈りを以って、いつか中国政府の力強い保証と許可を得て、南京に本物の学校を開くのだ、それから遂には本物のカレッジを創設するのだと希望していた。

戦争が始まると、蒋介石政府の態度に変化が起きた。それまでこの司祭を撥ねつけるだけだったのが、南京にカレッジを開く特典が提供されてきたのだ。覚えて置いて欲しい。戦争が始まった後に、提案があり、約束がめぐってきたのだ。蒋介石とその軍閥は合衆国から得られるだけのあらゆる同情を必要としていた。総統の目は疑いなく、二千二百万人の合衆国のカソリック信者に注がれていた。カソリックは共産主義に反対しており、彼の背後にモスクワの影響を見、感じていることを恐れたのだ。

私がその後上海で、この司祭の同僚に会ったとき、彼は全く無邪気に誠意を以って私に、蒋介石が彼とその仲間に南京にカレッジを作っても良いという約束をしたと言ったのだ。

「戦争が終ったときは勝ったときだ」

同僚もそうだが、この司祭は数年間を上海で過していた。中国人の居住地に入り込み、苦力の中でも最も哀れな人々の間で慈悲と慈善事業に立ち働いていた。戦いが始まったとき、空から降ってくる中国軍の爆弾は自国民をバラバラに引き裂いていた。彼らは命の危険を冒して自らの持ち場に留まっていた。しかし彼らはこの情況とその背景にあるものを、彼らが呼ぶところの「わが子たち」の悲惨と受難とのみを除いて何も理解できなかった。

しかし旅をしてきた宣教師たちや外国の土地にいた体験がある司祭たちは、中国の城壁にボルシェヴィキの殴り書きがあるのを望楼から見ていて、違うものを感じていた。彼らは中国のためには、蒋介石や彼の配下の軍閥、ボルシェヴィキに支配されないほうがベターで、そして日本は中国を沈みゆく泥沼から救い上げ、立ち上がらせようとしているという意見だった。

■日本軍に感謝する宣教師たち

中国の軍閥のプロパガンダ目的に利用されたこれらの幾つかの宣教師たちの恐怖の手紙と、著しい対照をなしているのは泰安から来た二つの手紙である。書いたのは戦争を最も恐ろしい段階で経験していた司祭たちである。彼らは日本でなく、中国の兵隊によるアトロシティーを非難していた。いわゆる非正規兵であるが、匪賊とほとんど変わらない程度の連中で自国民を獲物にしていたのだ。彼らは書く。

「こちらの情況に関するアメリカの新聞報道は一方的であり、大袈裟すぎます。――しばしば本当のような嘘が反日のためのプロパガンダとしてはびこっているのです。我々は中国人に捕まり、殺された囚人の首が棒の先に突き刺されているのを見ております。中国の農民は中国の非正規兵による掠奪で一番苦しんでいるのです。もう匪賊とほとんど変わらない程度の軍隊なのです。大都会の爆撃は中国軍の将校が密集地帯に軍隊の宿舎を割り当て、軍需物資、支給品などを置いているから起きたのです。軍需品が町のど真ん中に高く積まれていることはしょっちゅうなのです。

「私たちの経験によれば」と二人のカソリック宣教師は続ける。「日本兵は統制が取れています。そして我々をどんな形でも決していじめたりしません。だから我々は喜んでこの善意の中国人たちと共に留まっております。しかしながら日本人についての真実は語られておりません。彼らは私たちに親切です。泰安の爆撃の間、私たちの伝道施設はひどく破損しました。町の陥落の後、日本軍将校たちがやってきて、遺憾の意を表明しました。そして教会の再建用にと三千円を提供してくれました。また役に立つからと車を提供してくれ、宣教師の建物を保護するよう一筆書いて掲示してくれました。彼らがやってくる前に悲惨な体験をしていましたから、これは私たちにホッとした気持ちを抱かせてくれました」

第十三章
広東と漢口の陥落、そしてその後の展望

宣戦布告なき日中間の戦争、いやむしろ中国軍閥軍と日本の戦争は広東と漢口の陥落で実際上の最初の締めくくりを迎えている。イギリスとフランスは日本軍による中国南部への軍隊の上陸、それから広東への進入という迅速な機動作戦に主要な責任がある。両国はそこでの商業上の優越に驕っており、香港から広東、そして北部への軍需物資を送ることで蒋介石軍を養っていた。戦いを終らせようと日本軍は強引に南部に向かい、広東を支配下に置き、これらの供給を締め上げた。これを日本は目を見張るスピードと手腕で行った。大英帝国は絶望に近い感情で広東の陥落を眺めていたに違いない。自らの行為が日本軍を南部に連れてきたのだ。今イギリスはおのれの愚かさを理解したのだ。

広東の陥落、漢口の放棄は、蒋介石が自国民と海外に維持していた権威にシャッターを

下ろしたのだ。世界は蒋介石とその軍閥がしくじったことを知ったのだ。もっとも中国にいる多くの者には広東陥落のずっと前から分っていたことだ。これは結局中国が統一されていないこと、蒋介石によって一つになっていないことを暴露した。広東もまたソビエトの対日陰謀の所在地であった。日本が広東を支配することにより、モスクワの宣伝屋は奥地に退き、またの日に備えて潜伏した。

広東それから漢口の陥落は、何百万の中国人には救いになった。中国のより良い人々にはチャンスである。彼らは長いこと軍閥に、それからボルシェヴィキに踏みつけられていた。今は出てきて、政治的なペストをこの国から取り除いてくれた日本とおおっぴらに協力することができるのだ。

しかしそれはふたたび日本に対して、イギリスその他による反日プロパガンダのなだれを引き起こすことになるだろう。彼らは中国南部の長い支配が終ったことを理解しながらも、合衆国を東洋の貿易図から引きずり出すことも望んでいたのだ。日本とのことに合衆国を巻き込ませ、我国を彼らのために極東で戦わせることほどこれらの国々を喜ばせるものはない。彼らはこれからは日本が世界の一部で優位に立つだろう、日本は自分たちよりもアメリカに貿易の選択において好意を持っている、そして満洲と中国を発展させる方法を探りながら、日本はアメリカに協力と資本を要請するだろうと理解しているのである。

【解説】よみがえるフレデリック・V・ウイリアムズ

田中 秀雄

この本は一九三八年十一月にアメリカで刊行されたフレデリック・ヴィンセント・ウイリアムズの *Behind the news in China* の全訳であるが、解説を書く前に、私が平成十九年（二〇〇七）十月に書いた「プロパガンダとしての南京事件」という文章をまず読んでいただきたい。

1

支那事変が始まってほぼ五ヵ月後の昭和十二年十二月十三日に、日本軍によって中華民国の首都南京が攻略占領されました。

その際に、日本軍は、虐殺、掠奪、強姦、放火といった残虐行為をやったと批判されています。これが南京事件です。中国側が言うその虐殺数は公式に三十万人ということになっています。しかし南京市内の安全区に収容されていた人口は約二十万人である以上、それ以上の人間を殺すことなど実際はできない相談です。

ここで私たちは事実と宣伝とは違うということをまず肝に銘じておかなければいけないのです。私たち普通の日本人はテレビのＣＭに間違いがないことを前提として生活しています。そこに出てくる商品の品質をほぼ疑わないものです。もしその商品に不都合があればリコールもできるのです。

しかしたとえば国際関係で敵対する国家間では、相手側を打倒するためにあらゆる手段がとられます。戦争もその一つですが、そのほかに謀略や宣伝＝プロパガンダというものもあるのです。簡単に言えば嘘八百を並べ立てるわけです。えげつない話ですが、それもまた国民を一つにまとめていく方法でもあるわけです。そしてプロパガンダは相手側を屈服、あるいは第三国を味方につけることにも利用されます。

〝南京事件〟というものの構造もまたこの図式から離れて理解することはできません。真実と宣伝を明確に区別するところから南京事件の問題の解明は始まります。

実は南京攻略以前から日本軍が虐殺、掠奪、強姦、放火という行為をしていたと非難していた人物がいます。中国共産党を率いる毛沢東で、昭和十二年十月二十五日のイギリスの記者バートラムとの談話の中においてです。むろんこれは英語で欧米の新聞雑誌に載ることになるわけです。毛沢東は欧米記者の取材に応じることで、日本軍の残虐性を宣伝することができたのです。しかしなぜかワンパターンのような気がします。

　こうした敵側の残虐性を宣伝攻撃するということでは、中国は昔から伝統があるのです。『揚州十日記』という書物があります。明の末期、清の兵隊が中国を攻略し、南京の近くの揚州という城郭都市を攻撃し、十日間で八十万人もの虐殺事件を起こしたとされる記録です。そしてこれは清朝末期に「滅満興漢」の旗印の下に革命運動が始まったとき、敵愾心を掻き立てるためのバイブルとなりました。

　清は満洲族の王朝で漢民族にとっては

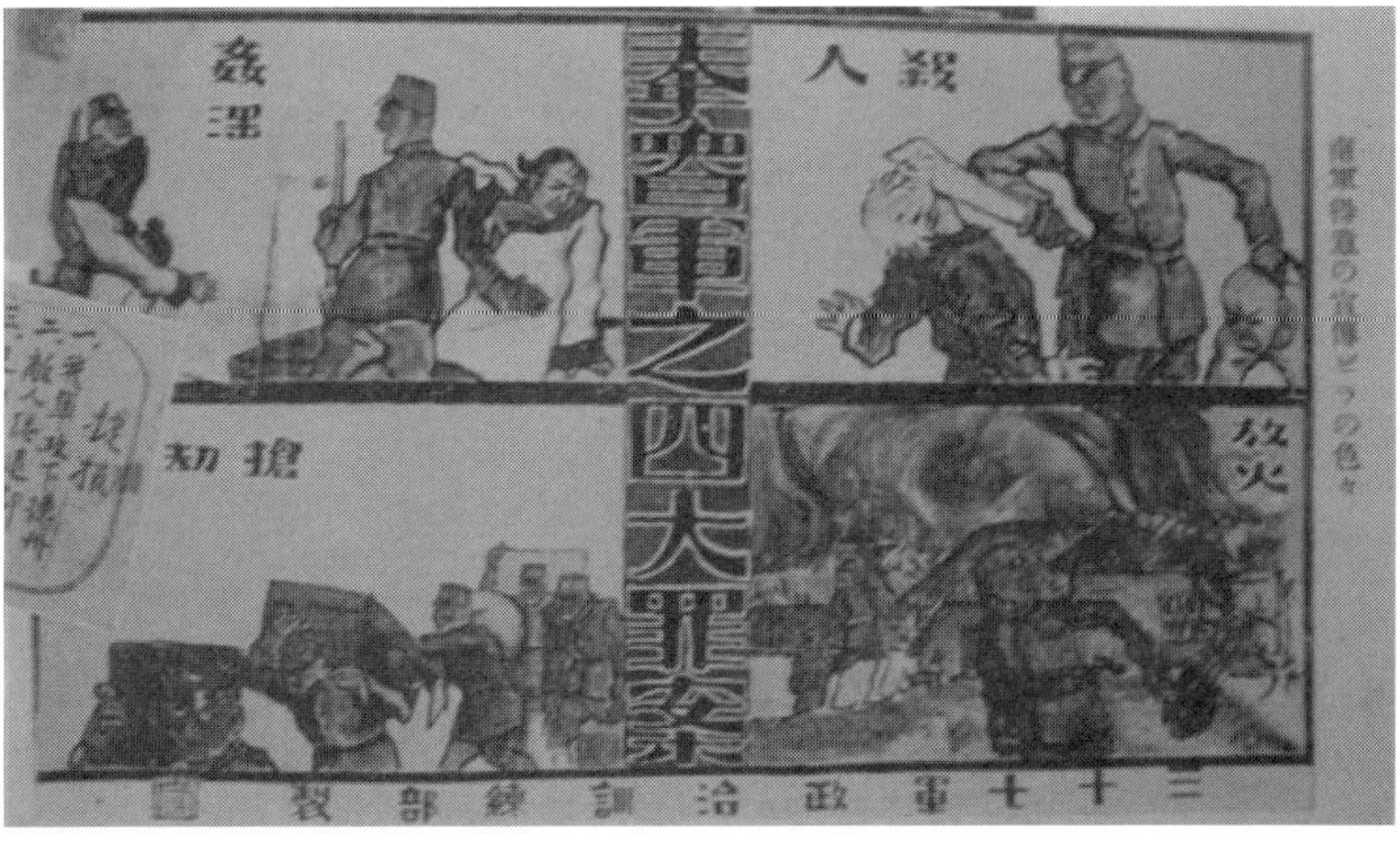

『山東省派遣軍記念写真帖』(昭和3年7月刊行)より

異民族ですが、同じ民族でも敵となれば「虐殺、掠奪、強姦、放火」というプロパガンダは遠慮なく使われます。これは蒋介石の国民党軍が昭和三年の北伐のとき、敵である張作霖や張宗昌軍を攻撃するために撒いたビラです。(写真)

戦前の有名な支那学者である長野朗は「蒋介石は宣伝で北伐を完成した」と言っていますが、それはまさにこのことなのです。

日本軍による南京攻略もまた、宣伝=プロパガンダに長けた中国人にとっては格好の素材でした。なにしろ毛沢東もいっているように、虐殺行為は陥落前から決まっていたのですから。彼らにとっては、戦争には宣伝が不可欠です。日本人は戦争は軍人が武器を取ってするものとの固定観念がありますが、中国人にとってはある意味で、宣伝が武器よりも優先するのです。プロパガンダが世界に認められたとき、初めて抗日戦争は彼らにとって勝利となるのだということを忘れてはなりません。むろん私たちはその虐殺なるものの事実の上に屈服謝罪しなければいけないのです。ですから「平和友好条約」という戦争終結宣言など実はあまり意味がなく、空手形に終わりかねないということです。

日本軍による南京での虐殺、掠奪、強姦などは当地滞在の欧米人たちによってまず報道されましたが、その速さと手際のよさは、国民党の宣伝機関と深く事前に結びついていた可能性が高いと思われます。当時は世界的に左派リベラルと共産主義が結びついていた「人民戦線」の時代で、〝中国を侵略する日本〟という図式は確固なものとしてあり、欧米の世論は日本非難に傾きがちだったのです。また盧溝橋事件が起きた時点で、中国では共産党と国民党が合作し、手を握っていました。共産党が宣伝に巧みなのは今も昔も変わりません。

また南京在住の宣教師たちや安全区委員会代表のシーメンス支社長だったラーベとかはその中国在住期間が長く、布教活動やその利害において国民党政府と深くつながっていた関係にあるのです。彼らによる日本軍非難の言動や著作の信用性には一定の枠がはめられなければいけないと思います。

一例を挙げましょう。南京虐殺を最初に著作にしたといわれるティンパリーの『戦争とは何か?』は北村稔氏や東中野修道氏によって、国民党宣伝部の意向によって書かれたということが判明しています。昭和十三年に出ているその日本語版には鹿地亘と青山和夫の二人の日本共産党員の序文がついています。これだけで、どういう意図の下にこれが書かれたかは分かろうというものです。プロパガンダなのです。書いてある内容はグロテスクとしかいいようのないおぞましいものですが、日本の飛行機は「日機」と書かれ、日本留学経験のある中国人によって書かれた可能性が高いのです。ですからティンパリーは英訳に使われただけという可能性もあります。

このグロテスクさというのは、『揚州十日記』などの中国伝統の《屠城文学》の内容とほぼ同じで、ラーベの日記として知られる『南京の真実』もそういうたぐいの屠城文学なのです。事実というより、宣伝＝プロパガンダに利用するために書かれたものといったほうが正確でしょう。

中国の宣伝活動の用意周到さは、日本国内でのいわゆる《百人斬り競争報道》をうまく宣伝に使えると理解していたことでも理解できるでしょう。この東京日日新聞の報道はどう見ても、漫画チックな武勇伝与太話にしか過ぎませんが、これは日本軍の残虐性を日本が報じたとして、『戦争とは何か？』に採録されているのです。

日本人の無邪気なところは、こういう記事が敵側に利用されるという意識が皆無なところです。戦争は武器での戦いと思い込み、宣伝などとは思いもよらない。こうであっては、戦後すぐにＧＨＱの意向で始まった「真相はこうだ！」というラジオ放送も、ちり紙にインクがすぐ浸み込むように真実と受け取るでしょう。

支那事変が始まったとき、我が国の報道機関は、どうして通州事件のおぞましい残虐写真を世界にばらまかなかったのでしょうか？　日本の軍事行動を世界は支持せざるをえなかったでしょう。いい意味でも悪い意味でも日本人は善意で真面目なのです。

現在も南京虐殺を信じる人がおり、プロパガンダが続いているのは、そうした日本人の瞳の中に星が浮かぶような天真爛漫さが利用されているのです。

2

これは自由主義史観研究会で、ホームページの特集「捏造された南京大虐殺」を作る際に依頼されて書き、掲載されたものである。http://www.jiyuu-shikan.org/tokushu4.html

その後のことだが、私は別の研究目的で、戦前の朝鮮で出されていた『金融組合』という雑誌を調べていた。その昭和十八年四月号の目次に、偶々「宣伝下手と宣伝上手」という論文の見出しを見つけて、思わず私の目はそれに吸い寄せられていた。

如上のような論文を書いていた私なのである。このタイトルだけで私の頭の中で化学反応が起こってしまったのは了解していただけるであろう。

当該ページを開くと、副題がついており、「一米人記者の米国民への警告」となっている。書いたのは、当時朝鮮で発行されていた『京城日報』の主筆や編集局長をしていた池田林儀である。五ページにわたるエッセイであるが、そこで彼はこの本の原書の *Behind the news in China* を読んだ感想を述べていたのである。「宣伝下手と宣伝上手」というタイトルは、まさに池田が読んでいてしみじみと、痛心しながら思ったことなのだろう。

当時は原書が刊行されて五年近く経っていた。日本と中国間の戦争だったのが、とうとう米英をも相手とする大東亜戦争にまで拡大していた。池田は「東洋に大乱の起るべきを予言している」と著者のF・V・ウイリアムズに感嘆しているが、本書を読まれる方もそう思われることであろう。

池田はウイリアムズは「米国人の反省を促すべく、本書を世に送り出したのである」と書いていた。以下その内容紹介と池田の感想が叙述されていたのであるが、私は直ぐにでもこれを手に入れたいと思った。なぜなら拙論「プロパガンダとしての南京事件」を傍証する内容の本ではないかと思ったからである。

しかも私は思い出すことがあった。『暗黒大陸中国の真実』（芙蓉書房出版）の著者・ラルフ・タウンゼントの支那事変中の言説を網羅した『アメリカはアジアに介入するな！』（芙蓉書房出版）の解説に、真珠湾攻撃後にタウンゼントが逮捕されたときの当時の記事を翻訳して載せていたが、そこにF・V・ウイリアムズの名前も逮捕者の中にあったのである！

まもなくしてアメリカから原書が送られてきたが、初版でウイリアムズの直筆のペンのサインがあった。別の仕事もあって翻訳には取り掛かれないでいるうちに、手に入れていた『再検証　南京で本当は何が起こったのか』（阿羅健一著　徳間書店　二〇〇七年）の参考文献欄を偶々見ていると、『背後より見たる日支事変』（フレデリック・V・ウイリアムズ）というのがある！

このときにも驚愕した。既に戦前に翻訳がなされていたのだ。私は早速それも入手した。翻訳したのは南支調査会という団体で、当時の東亜研究所などと同じ半官半民の調査研究団体である。刊行されたのは昭和十四年七月のことである。当時の会長はあの井上毅《こわし》の養子である井上匡四郎貴族院議員で、彼は訳書の冒頭に「序」を載せている。

池田林儀はタイトルを『支那宣伝の内幕』と書いており、この翻訳書を読んでいるのではないことが判明する。戦時中のことであるから、上海などの租界で手に入れたのかもしれない。南支調査会訳は翻訳臭さが残っていて読みにくい部分が多い。

なおかつこの南支調査会訳書には、伏字の部分がかなりあった。「書中の一部分が機密に触るゝところあるを以て、遺憾ながら之を削除せざるを得なかった」と断り書きがついている。原書を読んでみてその理由が分った。蒋介石とそのドイツ軍事顧問団との関係が赤裸々に描かれていたのである。

翻訳当時の日本とドイツは防共協定を結んで友好関係にあった。ドイツ軍事顧問団は既に解散していたわけであるが、支那事変当初にドイツの軍人が対日戦争に深く関わっていることを一般国民には知られたくなかったのであろう。ウイリアムズは当時の中国側の中に入って取材していたから、その関係記述は生々しい。

その意味で、本書は ***Behind the news in China*** の最初の全訳であると誇りを持って言うことができる。

阿羅健一氏の『日中戦争はドイツが仕組んだ―上海戦とドイツ軍事顧問団のナゾ』（小学館　二〇〇八年）はこのドイツ顧問団の事変における役割に焦点を置いて書かれた力作

である。本書と見比べて読まれれば、深い妙味が味わえることと思う。アメリカの干渉 intervention を蔣介石に提案したのはドイツ顧問団だったのだ――。

3

本書は、ウイリアムズが支那事変の始まる前、そして始まってから中国や満洲、日本で取材し、体験し、見聞したことを基にしたレポートである。本書でも確認できるように、彼はカリフォルニア州のロサンゼルスやサンフランシスコで約二十年間、新聞記者として活動していたジャーナリストであった。そうした実績のあるプロの目による中国＝極東レポートであるということを念頭に入れて読んで欲しいと思う。

また彼は当時親中国的だと思われていたアメリカ人の記者であるから、孔祥熙を始めとした取材対象の南京政府要人たちはあまり警戒をしなかった可能性が高い。ウイリアムズの書いている南京政府の思惑や行動の描写には高い真実性が含まれていると私は思う。

むろん本書は元々はその当時の現場レポートである。日本とアメリカが中国問題を介して直接的な対峙＝戦争という形にならないように、彼が必死に願いながら書いた本である。結果はうまくいかず、日米関係は最悪の結果にまで行き着いた。池田林儀の言うように、ものの見事に蔣介石の宣伝上手は当たり、宣伝下手な日本人はアメリカとの戦争に引きずり込まれていったのである。まさに拙論「プロパガンダとしての南京事件」を傍証する著作であった。

「蒋介石の宣伝係はプリンターインクで戦っている。兵隊や銃ではない」とウイリアムズは本書で書いているが、こういう認識が当時の日本軍になかったわけではない。「支那軍は鉄砲を撃たずに電報を打つ」という言い方である。

実際の戦争では日本軍は強かった。中国側を圧倒した。しかしその強さが残酷であり、非人道的であると中国側は宣伝していた。そうではないという宣伝を日本はできなかった。実際はウイリアムズの言うように、一般の中国人にとって良い社会を作ろうとしていたのにである。

ウイリアムズは、Japanese are poor propagandists（日本人は宣伝が下手である）と二度も本書で書いている。アメリカにいて、ひどくなる一方の日本のイメージを見ていて、これはほとんど嘆息であったのだろう。

しかし本書を訳しながら、私はつくづく日本は完全に包囲されて出口がなくなっていたのだなと感じた。それこそ嘆息していた。元々宣伝が下手くそな日本人が四方を敵に囲まれて、何を言っても信じられるはずがなかったのである。執るべき方策は限られていた。

本書の記述は日本が広東や漢口を占領した一九三八年十月の時点で終っている。しかしその後になっても支那事変の構図は全く変化することはなかった。対米英戦争は必然であった。日本がいかに和平策を講じようと、中国国民党も共産党もアメリカの対日「干渉」intervention の深化──日米外交関係の破裂を待ちながら、日本の悪宣伝に狂奔していればよかったのである。

だからといって、そのことに我々が自虐的になる必要はない。自信を持ってよいのである。本書を読めば分かるように、過ちは明確にアメリカにイギリスにあったのである。そのことに彼らが気づくのは日本が敗戦してからである。昭和の戦争という問題は、昭和二十年八月の戦闘が終った時点までで論じられるべきでなく、日本敗戦後の世界情勢がどうなって行ったかを見きわめて論じられるべきはずだからである。東アジアの場合を具体的に言えば、共産中国の成立、朝鮮半島における朝鮮戦争という二大事件がある。これこそ、アメリカやイギリスの最大の過ちであったはずであり、こういうことが起らないように、日本はたった一人で戦っていたのである。つまり共産主義との戦いである。

あるいは、ジョン・オサリヴァンが書いた有名な『マニフェスト・デスティニー』（一八三九年）を例証にあげることができよう。建国して五十年のアメリカは歴史において汚れを知らず、未来に向けて世界史を作る責任と義務がある。つまり人間の自由と平等、進歩を打ち立てるのがアメリカの責務だと言うのである。この中に「博愛主義者は圧政や残虐性、人類の多くに課せられた不正に対して熟考できているのだろうか？　道徳的な恐怖を持って振り返らないのだろうか？」という文言がある。「圧政、残虐性、不正」は本当は中国の問題ではなかったのだろうか。アメリカは一八〇度の誤解をしていたのである。このことをウイリアムズもラルフ・タウンゼントも理解していた。本書と、『アメリカはアジアに介入するな!』を合わせ読んでいただければ、この昭和十年代のアメリカの異常さがご理解いただけるであろう。

4

昭和十二年十二月十三日の南京陥落後に起きたとされる「南京事件」について、あるいはその後の中国側のプロパガンダに関して、ウイリアムズは本書で特に何も語っていない。中国が日本軍の残虐行為=アトロシティーを宣伝していたと書いているだけである。

おそらく彼は日本の南京攻略戦には特に問題はないと認識していたのであり、中国側の非難にしても、プロパガンダの一つとしか認識していなかったのだろう。特にこのことについて書く必要も認めていなかったのだ。

彼の認識に近いのが周仏海であろうと思われる。彼は重慶から脱出して日本と共に親日政権を樹立した汪兆銘の片腕であった人物であるが、南京陥落前の昭和十二年十一月二十日に南京を離れ、長沙に逃れている。その時の事を『中華日報』(昭和十四年七月)に回想して書いている。

土地の古老が彼に言った。「傷兵が地に満ち、散散に悪事を働いている。これから日本軍のやってこないうちに、恐らく傷兵や退却兵、さては匪賊の蹂躙の下で、自分らは生き延びる者なく亡びてしまうだろう」と。

これはウイリアムズが本書で書いている悪辣な中国兵の描写と符合するだろう。また周仏海は昭和十五年から日本敗戦後まで南京に在住している。その間、彼は克明な日記を毎日のように書き付けていた。そこには北支で日本軍が悪い事をしているという記述はあるが、しかし「南京虐殺」については一切記述がない。むろんこれは私的な筆録であり、公開を念頭に置いたものではない。もし恐ろしい中国人大量虐殺が南京であったとすれば、ふとした折に何らかの感懐があってしかるべきで、ないというのはやはり虐殺はなかったのだ。

私は前記の「プロパガンダとしての南京事件」で、『南京の真実』（講談社文庫）を書いたジョン・ラーベを批判しているが、彼はドイツ・シーメンス社の中国支社の筆頭として、約三十年もの間当地で働いていた人物である。

日本で大正期初頭にシーメンス事件が起き、当時の海軍の上層部にまで問題が広がったように、シーメンス社は軍需方面に関係が深い電気製品製造会社である。ドイツ軍事顧問団を通して、あるいは直接間接に蒋介石政権と深い関係があると思わなくてはならない人物である。そうした人物が書いたとされる『南京の真実』が本当に中立的なのか、疑問を持たれても仕方があるまい。

例えば南京安全区国際委員会委員長の立場にありながら、しかし安全区には南京陥落以前から中国兵が入り込んで立ち退かないと怒る仲間のローゼンの発言を書きながら、ご本人のラーベはいそいそと龍と周の二人の上校（大佐）を三万ドルの現金とともかくまうのである。彼らは翌年二月にラーベが南京を離れる間際までラーベの自宅にいた。それだけでなく、汪漢萬という将校もかくまわれており、彼は使用人という形で南京をラーベと共に脱出している。（『南京の真実』より）

こういう行動をとっているラーベが書いている日本軍の残虐行為が、どの程度信頼に足るものなのか疑問と言うしかない。中国側の反日プロパガンダ戦略に沿った形で行動し、日本を非難し、著述していた人物なのは明らかである。本書でウイリアムズが観察し、レポートしているドイツ顧問団と蒋介石の親密な関係を念頭に置けば、これはたやすく理解されることだろう。

その他にも例えばウイリアムズが南京で取材した宣教師が蒋介石政府からどのような待遇を受けていたのか、戦争前と以後との鮮やかな豹変事例が本書で紹介されている。これは象徴的である。南京にいた宣教師たちが日本軍の悪を告発していたのはよく知られているが、本書はその背後にある真相を明らかにしていよう。

ウイリアムズはジャーナリストとして、中国側に立って日本非難の合唱をしている国々の姿勢に、徹頭徹尾プロパガンダを見ている。それがまやかしであるのは、彼が極東の戦場をつぶさに見て歩いた体験からはっきり分っていたのだ。

5

最後にF・V・ウイリアムズの経歴について分っているだけを書いておこう。

彼は一八九〇年の生れである。原書のカバーにプロフィールが書いてあるので、それをまず紹介してみる。

「フレデリック・ヴィンセント・ウイリアムズは国際的な特派員、作家、世界旅行家、遠い処への冒険家、講演者でもあるが、ここ十年ほどはサンフランシスコの新聞記者の中では多分一番有名である。彼の鋭い観察力、筆の速さと力強さは、四五年前にメキシコ政府内の共産主義の動向に最初に光を当てたことで定評がある。彼の記事はワシントンDC東部の新聞に、後には『リバティ』誌に発表されたが、モスクワがメキシコに出現したという最初の警告だった。

その後の出来事はウイリアムズ氏が正しいということを証明した。母国でも、ヨーロッパでも、アジアでも、ウイリアムズ氏は日本と中国の戦争について徹底的な研究をなし、満洲、朝鮮、日本、そしてソビエトに太陽が沈むのが見えるシベリアの国境にまで行って深く観察している。共産主義者はこの仕事を喜ばないだろう。しかし彼らはこれによって多くを学ぶだろう。ウイリアムズ氏は右派の作家でも最右翼の一人と言われるかもしれない。彼はずけずけと一撃を食らわす。そしてそのパンチを引っ込めない。そして『中国の戦争宣伝の内幕』において、彼は考えるべき何物かについてすべてを我々に与えてくれている。

ほとんどの人はウイリアムズ氏のように大胆きわまる生き方はできない。少年時代、彼は外人部隊にいた。渡り労働者と共に放浪し、落ちぶれ果て、社会から見捨てられた人たちの中で生活した。そういう物語を新聞紙上で、世界に発信した。彼はチャイナタウンの堂《トン》の抗争を新聞記者として報道した。鋭い洞察力でギャングの汚職を分析し、暗黒街を見抜いて、我がアメリカの大都市の麻薬取引の実態を白日の下にさらした」

この本が世に出てから約三年後、日米は開戦する。ウイリアムズの危惧は的中したのである。以下、ウェブサイトOnline Documentary Nanking Atrocitiesに紹介されてあるウイリアムズの日本との関わりの深さを見てみる。

ラルフ・タウンゼントと同じく、Foreign Agents Registration Act「外国代理人登録法」（以下＝FARA）違反で捕われたウイリアムズは、一九四二年五月十一日に法廷に立ち、三週間の審理後に、登録法の九つの違反と謀議を理由に有罪となった。六月五日に十六ヶ月から四年間という不定期の服役刑に処せられている。「謀議」というのは、彼が

「時局委員会」という在米の日本の貿易と情報に関する団体の日本人と「謀議」をしていたということである。時局委員会は日本政府の統制下にあり、資金もそこから出ていた。アメリカに対する宣伝――ラジオスピーチや日本びいきの月刊誌やブックレット刊行などの活動をそこでやっていた。

ウイリアムズは二人のアメリカ人共謀者（ラルフ・タウンゼントとウォーレン・ライダー）と親密で、五人の日本人エージェントと共に支那事変を日本側に立って宣伝する役目を負っていた。

ウイリアムズは形式上、日本郵船会社で雇われていることになっていたが、東京で発行されている英字紙の特派員として働いていた。時局委員会の資金は、横浜正金銀行のウイリアムズ名義口座に預けられていた。振込みはサンフランシスコの日本領事がしばしば自ら行っていた。

これを見ると、確かにウイリアムズは日本政府と深い関係を持ってアメリカで活動していたのだろう。しかしそれは中国政府がアメリカでロビー活動、宣伝活動をしていたのとどこが違うのだろうか。仮にＦＡＲＡを中国側に適用しようとすれば可能ではなかったのか。既にアメリカ民主党政権自体が反日的に傾いていただけに、戦争などしたくない日本側は「日本はアメリカの敵ではない」と宣伝するために、法律など無視して必死ではなかったのか。また一九三八年という意味深な年にできたＦＡＲＡなど、日本に地雷を踏ませるためにできたようなものではなかったのか。ウイリアムズは、「日本人は宣伝が下手だ」と嘆いているのだが、なぜこれがプロパガンダになるのだろう。下手な日本人に代わって義侠心から、自らアジアの真実をタウンゼントと共に告知しようとしてくれていたのが彼ではなかったのだろうか。日本にとっては二人は英雄なのである。

池田林儀が原書を読んでいたときまだ牢獄であったのか分からない。しかし何度でも言うが、アメリカの中国支持は間違っていたし、その間違いを糾すために、彼が日本政府と結びついていたとしても問題はなかったのだ。ウイリアムズはアメリカが日本と一緒になって共産主義と戦うべきだと主張していたのである。

タウンゼントを救うために、ロバート・タフト共和党上院議員らが動いたように、ウイリアムズを助けようという運動もあったに違いない。やはり見せしめ的な意味合いの強い**show trial**だったのだ。

戦後彼は来日し、一九五六年に*The Martyrs of Nagasaki*（長崎の殉教者）という本を出版している。

日本における戦国時代のキリスト教の受容とその後の弾圧、そして隠れキリシタン（つまり殉教者である）の歴史、そして明治の開国から戦後までの布教四百年の歴史を追った著作である。しかしフランシスコ・ザビエルの伝道の模様が書かれている隣のページ一杯に、長崎に落ちた原爆の巨大なきのこ雲の写真があり、「獣かまたは爆弾か――二万九千人の死者を横目で眺めている、空に浮かぶこの世のものでない化け物の顔は、長崎の上で爆発した原爆の煙と水蒸気でできている。たるんだ唇を冷笑に歪めている重たげなまぶたと、鼻の両側のかぎ爪に注目せよ」ときのこ雲を擬人化したキャプションがあるように、彼の主要な関心は一九四五年八月九日に長崎に落ちた原爆にある。

ウイリアムズは、長崎を lovely と形容し、日本のカソリックの中心と言い、日本のローマだと喩えている。この本には、原爆でできた沢山の廃墟の写真——主に教会の建物が紹介されている。

あるキャプションにはこうある。「皮肉にも原爆は港の海軍船をミスし、代わりに町を破壊した。教会、修道院、病院、そして学校を。二万九千人の男女、子供たちが死んだ。その内の九千人はカソリックで、昔の殉教者たちの系統を引いていた」と、その力点はアメリカの原爆投下に大きな疑いと違和感を表明することにある。

原爆を落としたアメリカは化け物なのだ。日米戦争とその結果を彼がどう見ていたかはこれで明らかだろう。『マニフェスト・デスティニー』に、アメリカには「騙されて邪悪な野望に取り付かれて国の人口を減らす」「荒廃を広げる体験をした者はいない」とあるのだが、これを見事に裏切り、アメリカはその歴史を汚したのである。

原爆投下を大文字で SADDEST BLOW と表現した箇所もある。敬虔なクリスチャンであったウイリアムズにとっては、長崎は深い悲しみと痛苦に満ちた殉教者の町 City of

Martyrs だったのである。

真の意味でアメリカの良心、日本の友であったウイリアムズが、いつ亡くなったかは今のところ不明である。

6

翻訳においては、南支調査会訳を大いに参考にさせてもらった。ただ間違っていると思うところは拙訳を採用した。また原書では改行しないで長く続く部分が多く、適宜改行している。各章の標題は原書にはない。それぞれの内容を見て私がふさわしいと思う標題をつけた。各章の小見出しも原書にはない。読み安さを考慮して私の判断でつけている。

日本語のタイトルは、戦時中につけられた二つのタイトル、『背後より見たる日支事変』と『支那宣伝の内幕』を較べてみた場合、支那宣伝が勝って日米戦となった歴史を念頭に入れている池田林儀のほうが妥当と思われる。なおかつ当時の現場レポートであった本書を今日において読むべき価値を考えるなら、その証言の歴史的価値と共に、宣伝戦に完敗した内幕を今後の戒めとして我々が知ることにある。なぜなら今なお中国のプロパガンダに平伏しているナイーブでお人好しの日本人が多く、その害毒は腰砕けの外交姿勢にまで及んでいるからである。その意味合いを考えて、『中国の戦争宣伝の内幕』とすることにした。副題に「日中戦争の真実」と付したのも、同じ理由による。

「いつか未来の歴史家は我々（アメリカ人）が間違っていることを証明するだろう」とウイリアムズは本書で書いている。この日本人にとっての英雄を今こそ復活させよ！

著者

フレデリック・ヴィンセント・ウイリアムズ（1890－？）

Frederic Vincent Williams

1890年生まれのアメリカ人。少年時代に外人部隊に所属したり各地を放浪する冒険者のような生活を続け、その見聞を新聞紙上で発表することからジャーナリストの道に進む。サンフランシスコの新聞記者としてチャイナタウンの抗争事件を取材して有名となる。日中戦争の起る前から極東を取材旅行しながら共産主義の危険性に注目して、親日的立場から本書を執筆した。日米関係の悪化を懸念しつつ、ラルフ・タウンゼントらとともに発言を続け、真珠湾攻撃後にタウンゼントと同じく逮捕され、16ヵ月から4年という不定期刑を言い渡される。戦後の日本に再びやってきて、原爆を投下された長崎を訪れ、1956年に *The Martyrs of Nagasaki*（長崎の殉教者）という本を出版している。死没年は不明。

訳者

田中 秀雄（たなか ひでお）

1952年福岡県生まれ。慶應義塾大学文学部卒。日本近現代史研究家。軍事史学会、戦略研究学会等の会員。著書に『映画に見る東アジアの近代』『石原莞爾と小澤開作』『石原莞爾の時代』（以上、芙蓉書房出版）『国士・内田良平』（共著、展転社）、編著に『もうひとつの南京事件』（芙蓉書房出版）、共訳書に『暗黒大陸中国の真実』『アメリカはアジアに介入するな！』（以上、芙蓉書房出版）がある。

中国《ちゅうごく》の戦争宣伝《せんそうせんでん》の内幕《うちまく》

――日中戦争の真実――

2009年11月30日　第1刷発行
2009年12月25日　第2刷発行

著　者
フレデリック・ヴィンセント・ウイリアムズ

訳　者
田中《たなか》 秀雄《ひでお》

発行所
㈱芙蓉書房出版
（代表 平澤公裕）
〒113-0033東京都文京区本郷3-3-13
TEL 03-3813-4466　FAX 03-3813-4615
http://www.fuyoshobo.co.jp

印刷・製本／モリモト印刷

ISBN978-4-8295-0467-3

【 芙蓉書房出版の本 】

蘇る「国家」と「歴史」
ポスト冷戦20年の欧州

三好範英著　四六判　本体 1,900円

ベルリンの壁崩壊から20年……。「国家」と「歴史」をキーワードにポスト冷戦期のヨーロッパを読み解く！

ボリビア移民の真実

寺神戸 曠　四六判　本体 1,900円

1956年から南米ボリビアへの移民が始まった。「1000家族6000名」の“計画移住”の実態は…？　農業技師として現地で移民支援に当たった著者がボリビア・サンフアン入植地の姿をたくさんの写真とともに記録。劣悪な自然条件、道路が無い…… 。現地からの中止要請にもかかわらず続々と移民は送り出されていった。官僚の怠慢、手抜きによって移民がどれほど辛酸をなめることになったのか。国の欺瞞、不作為の「罪」を厳しく追及する！

同盟国としての米国

太田文雄著　四六判　本体 1,800円

在米経験豊富な著者が日米同盟の内実を明らかにし、今後のあり方を展望する！“同盟は生き物であり、普段の相互努力によって継続可能となる”日本の世論調査で日米関係を「良好」とする人が過去最低となり、米国でも日本より中国への関心が高い状況のなか、改めて日米同盟の歴史をたどり、これからどうしていかなければならないかを示す。